解码青春期
男孩大脑

[日] 有田秀穗 著

边大玉 译

中信出版集团 | 北京

图书在版编目（CIP）数据

解码青春期男孩大脑 /（日）有田秀穗著；边大玉译 . -- 北京：中信出版社 , 2025. 3. -- ISBN 978-7-5217-7126-8

I . G479

中国国家版本馆 CIP 数据核字第 2024KV5458 号

「男の子の脳の育て方」
© Arita Hideho 2011 All rights reserved.
Originally published in Japan by KANKI PUBLISHING INC.
Chinese (in Simplified characters only) translation rights arranged with KANKI PUBLISHING INC., through YOUBOOK AGENCY, CHINA
Simplified Chinese translation copyright © 2025 by CITIC Press Corporation
ALL RIGHTS RESERVED

本书仅限中国大陆地区发行销售

解码青春期男孩大脑

著　者：［日］有田秀穗
译　者：边大玉
出版发行：中信出版集团股份有限公司
　　　　　（北京市朝阳区东三环北路27号嘉铭中心　邮编 100020）
承　印　者：北京盛通印刷股份有限公司

开　本：880mm×1230mm　1/32　　印　张：5　　字　数：90千字
版　次：2025年3月第1版　　　　　印　次：2025年3月第1次印刷
书　号：ISBN 978-7-5217-7126-8
京权图字：01-2024-5749
定　价：35.00元

版权所有·侵权必究
如有印刷、装订问题，本公司负责调换。
服务热线：400-600-8099
投稿邮箱：author@citicpub.com

前言

家有男孩的父母总是会产生这样的疑问:"我们家这孩子,脑子里到底在想些什么啊?"

随着孩子青春期的来临,这种对于男孩内心想法的不理解往往会愈发严重。孩子往日的调皮和淘气一去不返,取而代之的则是不知从何时开始的沉默和冷淡。

尽管这种表现也被认为是青春期的特点之一,但是得不到任何回应的单方"对话"却时常让父母感到烦躁不已。父母自然希望能了解更多关于自己的孩子的情况。

而本书的问世,其实正是为了缓解父母这种烦躁的情绪,同时也希望能为父母与男孩在互相接触和交往的过程中提供一些小小的启发。

在读懂男孩的想法上,我认为存在两个关键之处:一个是与"情绪"有关的大脑职能,另一个则是"大脑的性别差异"。

进入 21 世纪以来,脑科学领域对于"情绪"的理解有了巨大的进步。在本书的后续内容中也会提到，其实我们已经搞清了与"情绪"关联最为紧密的大脑区域——前额叶。

作为研究者之一，我们证实了韵律运动和调整呼吸等行为能够促使人对周遭事物产生理解和共鸣的"情绪中枢"逐渐发育完善。与此同时，我们还得出了一个结论，与女孩相比，男孩在"情绪中枢"的发育上表现出了较慢的趋势。

父母往往都会将注意力集中在孩子的分数上。在父母看来，学习能力的提高与孩子今后的人生是否幸福息息相关。

但是我要提醒大家的是，要想让孩子将自身的学习能力发挥出来，关注"情绪"变化是必不可少的。对于将来想要在社会上大展身手的孩子们来说，理解他人情绪的能力和产生共情的能力至关重要。本书也将从这一角度出发，重点针对男孩"情绪中枢"的职能展开讨论。

此外我还注意到，孩子成长过程中必不可少的性激素同样也会对大脑的发育产生重要的影响。脑科学研究认为，学习能力在男女性别上的差异可以忽略不计，但是鉴于雄性激素和雌性激素对于大脑发育产生的不同影响，不同性别的人在脑结构上还是存在一些细微差别的。

如果父母理解了男性大脑的特质，那么在看到或听到男孩子的一些行为和言论时，就不会感到焦躁不已，而是能够很平静地接纳了。可以说，育儿之路也会轻松不少。此外，如果在和家里的男孩相处之前已经有了关于"男性特质"的一些理解，那么一定可以帮助孩子的身心健康发展。

  在此，我衷心希望本书能够在帮助男孩彰显魄力和张力的成长之路上贡献绵薄之力。

有田秀穗

2011 年 7 月

目录

第一章

还在妈妈肚子里的时候,男性的特质便已初具雏形

002 转折点早在怀孕 3 个月时便已出现

005 男孩大大咧咧的性格是由大脑决定的

010 造成男女大脑结构不同的幕后推手——性激素

013 在大脑的额头区域发生的一件大事

017 读懂男孩的大脑特质,棘手的青春期同样能够平安度过

第二章

脑科学帮你更好地了解男孩

024 男孩的性格特质是由多巴胺决定的

029 前额叶的四大重要职能——共情脑、奋进脑、专注脑、调节脑

036 男孩的奋进脑较为突出,而女孩的共情脑更为发达

041 令人颇为介意的男孩神经发育障碍问题

046 从小就要认真关注孩子共情脑的发育

051 青春期的孩子为什么能够一眼看穿大人的"谎言"

055 奋进脑帮助我们开拓人生，调节脑帮助我们战胜困难

第三章
让父母不再烦恼的男孩大脑十问十答

060 觉得"男孩不好带"？这招能帮你轻松应对

061 难题1 说了多少遍也不肯收拾

　　答：对于本来就不擅长整理的男孩来说，鼓励和表扬更能让他鼓起干劲

065 难题2 让他好好写字也不肯好好写

　　答：与整洁的字迹相比，男孩更在意所写的内容

068 难题3 没办法像女儿那样互通心意

　　答：在孩子10岁前鼓励他多交朋友，提高孩子的沟通能力

072 **难题 4** 孩子总是沉迷游戏无法自拔
  答：放任下去孩子可能会更加沉迷，建议立刻给孩子定好规矩

077 **难题 5** 和孩子之间的争吵增多，让我感到压力很大
  答：他已经看穿了你们"善意的谎言"，要试着有意识地和孩子说实话

080 **难题 6** 最近孩子开始不愿意说话了
  答：同为男性大脑，男孩和父亲之间的沟通应该还是会比较顺畅的

083 **难题 7** 孩子好像一直无法从失恋的打击里走出来
  答：对于遭受了挫折的男孩来说，父母应该做的是温暖守护，而不是严厉责备

085 **难题 8** 孩子在学校总是一个人单独行动，让我觉得有些担心
  答：从现在开始，试着让孩子多交朋友，促进孩子共情脑的发育

090 难题9 我家孩子不肯与外界接触，是不是快要变成宅男了？
　　答：如果平时很稳重的孩子突然变得急躁，那确实需要引起注意
093 难题10 我想让他变得更有男子气概一些
　　答：试着让孩子多积累一些通过奋勇拼搏获得成功的经历

第四章
养成良好的日常习惯，帮助男孩充满活力

098 要锻炼的大脑职能不同，开出的处方自然不尽相同
104 有效的夸奖和鼓励能够提升孩子的拼搏能力
108 学会让孩子自己设定目标，尤其不要让他们感觉自己是被逼着往前走的
110 早睡早起、户外运动和肌肤接触，都能够极大促进男孩大脑的发育

116 就算孩子已经长大了，肌肤接触也是十分重要的
121 培养孩子的专注能力时，切记不要大包大揽、面面俱到

第五章
不利于男孩大脑发育的父母常见误区
126 孩子爱吃的东西，并不一定能够帮助大脑的发育
131 不是有了营养补充剂就万事大吉
134 凡事要求尽善尽美的反效果
138 跳出"完美父母"的怪圈
142 父亲角色的缺失对孩子大脑的发育产生的影响
147 关注前额叶四大重要职能的协调发育

第一章

还在妈妈肚子里的时候，男性的特质便已初具雏形

转折点早在怀孕 3 个月时便已出现

当准妈妈知道肚子里有了一个小生命的时候,首先希望这个生命能健康成长。除此之外,准爸爸和准妈妈之间肯定也会聊一聊这个孩子到底会是男孩还是女孩。

这位家族新成员的性别,是生育时人们最为关心的事情之一。

如果是男孩叫什么名字,如果是女孩叫什么名字,男孩的话长大可以一起踢球,女孩的话长大就让她学学钢琴……这些幸福的话题无疑也会令准爸妈们津津乐道。

虽然身长仅 8cm 左右,但是男宝宝们却已经在为繁衍子孙做准备了

那么,妈妈肚子里的宝宝是什么时候开始有了性别分化的呢?

众所周知,染色体决定了一个人的性别。如果精子携带了男性染色体,胎儿就会发育为男性;如果精子携带了女性

染色体，那么胎儿就会发育为女性，而且这一过程在中途是不会发生变化的。

不过，男宝宝和女宝宝之间的差异却不会这么快得到显现。在怀孕初期，胎儿的外形很像一只小小的海马，体长也只有1cm左右。

随着发育的逐渐完善，在怀孕第12周（3个月）左右，胎儿的眼睛、鼻子、嘴巴、手脚和内脏基本形成，大脑也开始初具雏形，慢慢有了人类宝宝的模样。在这一时期，男宝宝和女宝宝各自的外生殖器在逐步分化，男女之间的差异也显现出来。

而这一阶段宝宝的内生殖器，如男孩的精巢、女孩的子宫和卵巢也基本形成。

也就是说，在生命刚刚诞生3个月之初，宝宝就已经开始为将来的繁衍做准备了。

伴随着生殖器官的形成，男孩的大脑也在逐步发育完善

再来看看大脑的发育情况。

刚出生的宝宝还不会说话，似乎大脑也宛如白纸一般。

也许很多人以为，大脑的发育是在孩子出生之后才开始的。

在他们看来，虽然男孩与女孩身体结构上的差异是在胎儿时期就已经完成的，但大脑在性别上的差异，是出生之后伴随着成长才逐渐显现出来的。

然而，事实却并非如此。还在妈妈肚子里时，伴随着男性生殖器官的形成，男孩的大脑也开始发生变化。

在怀孕3个月左右，虽然胎儿的头部只有乒乓球大小，但大脑内的中枢神经在快速发育，男女大脑的差异逐渐显现。

在孩子呱呱坠地的时候，他们的大脑其实已经完成了一定程度上的发育，男宝宝和女宝宝的区别也很明显。可以说，孩子降生时其实就已经具备了完整的男性特质或女性特质。

怀孕3个月时的胎儿体长8厘米左右，大人的手掌上就能放下。这时准妈妈的肚子还不太明显，B超检查也只能大体分辨出孩子的头和躯干，到底是不是男孩更是无从知晓。

男孩大大咧咧的性格
是由大脑决定的

既然男性特质和女性特质是在妈妈肚子里的时候开始形成的，那么这种区别具体会表现在哪些方面呢？

首先从脑的大小来看，男性的脑普遍会更大一些。

虽然男性脑整体偏大，不过更为关键的其实是下丘脑的"性中枢"的大小。

说起脑，就不得不提到一个重要的部位下丘脑。下丘脑是位于脑中的一个重要的神经中枢。

下丘脑里分布着许多重要的神经细胞，这些神经细胞与食欲、性欲、睡眠以及调节体温等功能息息相关。此外，下丘脑中的性中枢可能与男孩女孩在某些行为倾向上的差异有关，而且从大小来看，男孩的性中枢要偏大一些。

男孩大脑中用来连接左右脑的胼胝体较细

男孩与女孩在大脑结构上的差异不仅表现在大小上，连接左脑与右脑之间的胼胝体也存在着一定的区别。

胼胝体是连接左脑与右脑的神经纤维束。借助胼胝体的传导，左脑与右脑之间频繁交换语言、视觉等各类信息。

我们可以简单地将胼胝体理解为连接左右脑的一座桥梁。

与女孩的胼胝体相比，男孩的胼胝体往往会更细一些。

有研究认为，胼胝体的粗细与其传导的信息量相关。一般说来，女孩的语言能力和沟通能力都更发达，而且也更容易观察到一些细小的事物，一个可能的原因就是女孩的胼胝体更粗，可以交换更多的信息。

人们普遍认为女孩大多"喜欢说话"，也可能与女孩的胼胝体较为粗大有关。

那么，胼胝体相对较细的男孩会有什么特点呢？

或体现为沉默寡言，或有些粗枝大叶。这些行为特征，

胼胝体在这里！

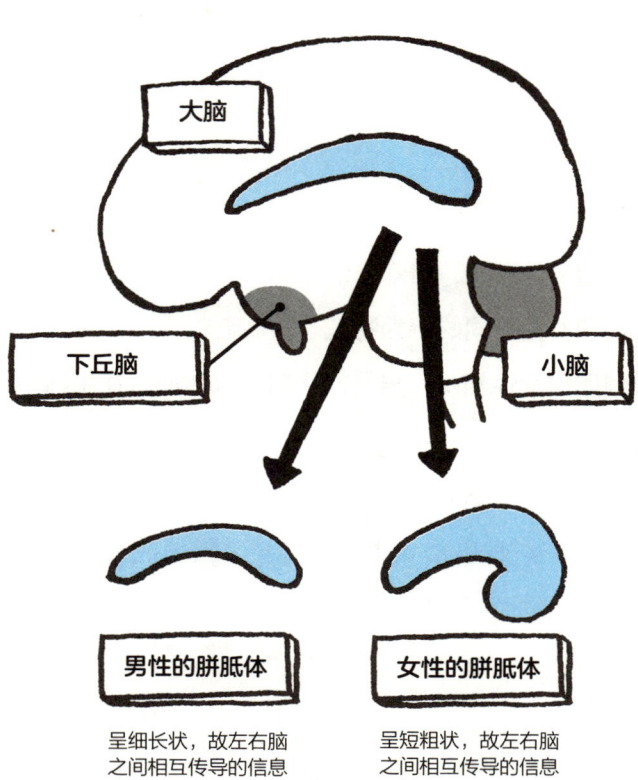

大脑

下丘脑

小脑

男性的胼胝体

呈细长状，故左右脑之间相互传导的信息量较少。

女性的胼胝体

呈短粗状，故左右脑之间相互传导的信息量较大。

一定程度上与负责信息传导的胼胝体较细有关。

从这一角度来说，男性特质与女性特质其实早在胎儿时期就已经在脑中有所体现。这些特质并没有优劣之分，只是脑结构的细微差异带来的不同表现罢了。

男性特质与女性特质之间的差异，原来竟传承自狩猎时代？

脑结构的不同，自然会造成功能上的差异，而且也会形成男性和女性不同的行为特征。

例如与女性相比，男性往往属于行动派，在生活中常常不拘小节。

曾因"男性大脑与女性大脑"的相关研究而广为人知的加拿大莱斯布里奇大学的黛博拉·索西亚博士表示，造成这一结果的原因其实就在于男性的大脑更适于原始的捕猎生活。

在原始时代，为了维持生活，外出狩猎的任务主要由男性负责完成，因此也就要求男性具有追捕猎物的果敢性格及高超的运动能力。随着人类的不断进化，这些为了生存所必需的能力在漫长的岁月中镌刻进了子孙后代的大脑，果敢的性格和活跃的行动能力也就成了男性一种根深蒂固的特质。

索西亚博士表示，人们往往认为男性的方向感较强，其实同样也是因为在原始时代，男性经过长途跋涉并完成狩猎之后要想将猎物平安带回家中，这种方向感自然是不可或缺的。

相反，女性不太擅长使用地图，也是因为原始时代的女性主要负责留在家中料理家务并照顾孩子——既然不需要外出狩猎，也就没有必要锻炼自己的方向感了。

虽然索西亚博士的研究结论只是一种假说，但男性确实具有更多的攻击性。

关于男性大脑和女性大脑之间的奇妙区别，我们将自下一节开始进一步展开详细论述。

造成男女大脑结构
不同的幕后推手——性激素

男女性别差异的背后存在着一位"幕后推手"。

这位幕后推手其实是一种激素,但这种激素并非是由孕妈妈提供给胎儿的。事实上,这种性激素是胎儿自己分泌的。

看到这一结论,恐怕大家都会感到有些意外。毕竟提到性激素,人们往往觉得其分泌时间应该是从青春期到壮年期这一生命活动旺盛的时期。

事实上,还在妈妈肚子里的胎儿就已经开始分泌性激素了,而且性激素对胎儿的大脑发育也产生了极其重要的影响。

除此之外,还有一个鲜为人知的事实,那就是胎儿大脑的基本形态其实是"女性的大脑"。

在胎儿发育的极早期,所有胎儿拥有的都是女性的大脑。

等到胎儿发育到一定的阶段,男性与女性才会开始出现性别的分化，而且这一性别分化的密码是掌握在男性手中的。

在胎儿发育初期，男宝宝同样有"女性的大脑"

早在受精后第 7 周左右，男性胎儿的睾丸便初具雏形，开始合成并分泌雄性激素。在受精后第 15～20 周，雄性激素的分泌会短暂激增。

这样一来，大量的雄性激素便开始对胎儿的身体和大脑产生影响。这些激素不仅会刺激男性生殖器官的形成，而且还会促使女性的大脑转化为男性的大脑。大脑的这种"性别转换"，也奠定了男女性别的发育基础。

对于女孩来说，雌性激素的分泌会促进女性生殖器官的形成，"女性的大脑"也会继续发挥相应的作用。

也就是说，发生性别转换的是男性的大脑，而雄性激素则是这一转变的幕后推手。

当胎儿时期因为某些原因雄性激素分泌不足时，尽管胎儿拥有完整的精巢，但是由于没有大量雄性激素的刺激，胎儿仍会保留一定的女性特质。

为什么男孩喜欢打斗类游戏，大脑来告诉你！

在性激素的作用下，人类的大脑不仅会出现性中枢和胼胝体等的性别差异，而且也会在其影响下形成男性和女性的不同特质。

孩子在出生后便会表现出男孩或女孩的一些行为，其原因也同样如此。

具体来说，男孩大多活泼好动，喜欢出门玩耍。由于身上还保留着原始狩猎时代残存下来的攻击性，所以男孩们往往热衷于打仗的游戏，而且还会非常在意游戏的输赢。

而女孩往往喜欢精致漂亮的小物件，她们总是会收集一些亮闪闪的贴纸，而且大多也喜欢涂鸦，和小伙伴热火朝天地讨论扮演什么角色，然后再一起美美地玩一玩过家家的游戏。每个时代的女孩都一样。

从幼儿时期开始，男孩与女孩在玩游戏的方式和感兴趣的内容上就表现出了极大的不同，而这也是因为他们在出生时大脑的构造和功能便已经有所区别了。

在大脑的额头区域发生的一件大事

男孩与女孩的不同特质,究竟是由大脑的哪个部位来掌管的呢?

在谈到这个话题之前,我们先来简单介绍一下大脑的具体构造。

人脑可以粗略划分为大脑、间脑、小脑和脑干四个部分,其中又以大脑担负的功能最为繁多。此外,大脑还可以继续细分为几个不同的区域,每个区域所掌管的职能也不尽相同。

前额叶控制情绪和认知功能,是"大脑中的大脑"

在我们的大脑中,除了有感知视觉的枕叶、感知听觉和记忆的颞叶、感知身体感觉的顶叶之外,还有一个位于最前方的部分,即额叶。

其中，额叶的前半部分（额头附近）又被称为前额叶。前额叶是额叶中最为重要的组成部分，主要负责做出判断和调节情绪等功能。作为人类大脑中极为特殊的组成部分，这一区域与人格的形成息息相关，因此也被称为"大脑中的大脑"。

我们常说的一个人在情绪和行为上反映出的本性，其实就是通过前额叶表达出来的。

猿类的前额叶面积只有人类的一半左右，而老鼠等动物的前额叶面积只有人类的 1/10。由此也可以看出，前额叶确实是人类大脑的一个特殊部位，直接影响着认知功能。

掌管男孩与女孩的不同特质的，正是大脑中的前额叶。

前额叶掌管着喜怒哀乐，而性激素能够对大脑多个区域产生影响，其中就包括前额叶。这些区域受到性激素的作用后，在神经连接、神经递质分泌等方面产生差异，进而在一定程度上促使了男性与女性不同特质的形成。

如前所述，男性较为好动，喜欢迎接不同的挑战，善于在某一领域深耕，而女性大多乐于沟通，喜欢与大家友好相处。这些性别差异，其实就是前额叶的差别造成的。

第一章 还在妈妈肚子里的时候,男性的特质便已初具雏形

大脑各个区域的不同职能

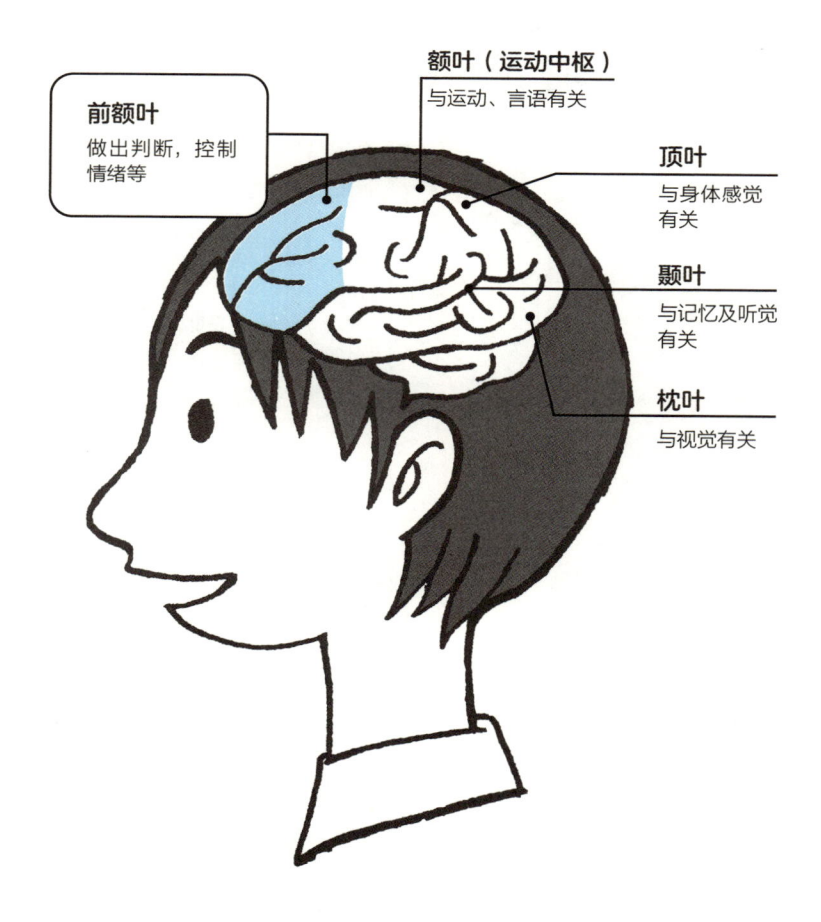

前额叶
做出判断,控制情绪等

额叶(运动中枢)
与运动、言语有关

顶叶
与身体感觉有关

颞叶
与记忆及听觉有关

枕叶
与视觉有关

与此相对，由于性激素对于颞叶和枕叶等部位的影响微乎其微，所以男性与女性的生长过程还是大体相同的。

前额叶的差别造成了不同性别之间在思考方式和行为方式上的差异，并且这种差异早在胎儿时期便已经深深镌刻在了孩子的大脑之中。从这一点来看，生命的神奇与精妙着实令人惊叹。

读懂男孩的大脑特质，棘手的青春期同样能够平安度过

待孩子长到 10 岁左右，男孩便会迎来大脑的一个重大变化期。说起这个年龄段的孩子身上出现的变化，相信大家应该已经有所察觉。

是的，这便是青春期。

如果您家里正好有孩子在读小学高年级或者初中的话，下面这些表现是不是会觉得有些似曾相识呢？

"孩子变得很叛逆，说翻脸就翻脸了。"

"跟他说话也爱搭不理的。"

"总是嫌父母烦。"

望着眼前这个和小时候判若两人的孩子，做父母的往往左思右想也猜不透孩子的心里正在想些什么，只感觉自己与孩子渐行渐远，愈发生疏了起来。

特别是对于家有儿子的妈妈来说，这种困惑往往会表现得更为剧烈。

有人认为，青春期的孩子之所以让人感到头疼，其实是由于飞速发育的身体与心理之间的失衡导致的。事实上，大脑发生的变化才是造成这种失衡的根源所在。

大量分泌的性激素会使得青春期男孩的男性特质激增

进入青春期后，性激素的分泌会突然急速增加，而这也使得男孩在 11 ~ 12 岁、女孩在 10 ~ 11 岁左右出现第二性征。

在这一阶段，男孩会出现胡须，开始变声，体格也会变得高大健壮起来。与此相对，女孩脸上的稚气逐渐褪去，胸部逐渐隆起，并迎来月经初潮。

随着这些生理变化的出现，他们在心理上也会迎来巨大的变化。

如前所述，性激素能够对前额叶产生影响。进入青春期后，性激素异常活跃，在促进第二性征出现的同时也极大地刺激了前额叶的发育，从而最终导致男孩与女孩在思考方式和行为方式上的差异愈发显著。

大脑自胎儿在母体内生长时便已经成型，而且在孩子长大成人的过程中，有很长一段时间并不会发生太大的变化。但是一旦进入青春期以后，男女性别上的差异就会瞬间凸显出来，男孩的行为举止和情绪态度也会更加具有男性的特质。

考虑到青春期的孩子大脑中发生了重大变化，父母对于这一时期的孩子感到束手无策是很自然的事情。毕竟站在孩子的角度来看，他们此前一直熟悉的思维方式正在猛地朝着大人的模式转变。

特别是对于家有青春期男孩的母亲而言，虽然养育一个青春期的男孩会令人觉得非常苦恼，但是站在脑科学的角度来看，其实这种苦恼是很正常的。

就母亲来说，想用自身的女性特质来解读儿子身上愈发明显的男性特质原本就是一件极其困难的事情。再者，男女之间的大脑结构和功能本就不尽相同，想法和情绪有所区别自然也是非常正常的。

虽然说起来有些难过，但是无论在什么样的家庭，父母终有一天会感到自己与孩子之间拉开了距离，而这也是无法避免的。

人们发现性激素与大脑间的关系不过也只有短短的30年

如前所述,性激素能够对大脑多个区域产生影响,并对孩子的情绪和行为产生影响。事实上,这一研究在脑科学领域得到证实,其实也不过是短短30年前的事情。

在此之前,人们一直认为性激素是影响男性及女性生理发育的一种物质。在长期不懈的研究之后,科学家们终于发现了大脑中"激素受体"的存在。

所谓"激素受体",是指能够与激素结合的一种特殊的细胞结构,我们也可以将其理解为是一种接收激素的专用容器。

当激素大量分泌时,激素受体便能够将这些激素收集起来,从而使得这些激素能够准确作用于受体所在的部位。

这一过程我们会在后续内容中更为详细地说明。总而言之,正是得益于这些与性激素相关的医学佐证,我们现在才能够基于脑科学的研究事实针对育儿展开讨论。

为了顺利度过青春期这一阶段,我们就需要了解男孩的大脑会出现什么样的变化。

如果我们能够站在脑科学的角度重新观察孩子的心理，自然会得到很多"读懂孩子心理的线索"，而且这些线索很可能是父母此前从未注意到的。

就算您觉得"我家孩子离青春期还早"，我还是建议您不妨现在先深入了解。这样一来，等到孩子身上出现细微变化的时候，您也能够沉着应对，避免许多无谓的焦虑。

第二章 脑科学帮你更好地了解男孩

男孩的性格特质是
由多巴胺决定的

在这一章中,我们将针对男孩在青春期这一阶段大脑中发生的变化展开具体的论述。

正如上文中所说的那样,由于受到性激素的影响,10岁出头的男孩开始逐渐在想法和情绪上展现出男性的特质。而男性特质的显现是激素作用于大脑内神经递质所造成的结果。

让我们先来简单地了解一下神经递质的定义。

大脑内存在数量庞大的神经细胞,而细胞之间会通过像树枝一样向外延伸的突触进行频繁的信息传递。

负责传递这些信息的,便是我们所说的神经递质。

性别特质的差异与"三大神经递质"有关

在影响男女大脑差异的众多神经递质中,"多巴胺""去甲肾上腺素""血清素"是我们首先需要了解的三种物质。

多巴胺是一种与精神活力息息相关的神经递质。在第二天有课堂考试或足球比赛时，多巴胺能够刺激大脑产生"想要争取第一""想要赢得比赛"的进取心理，并在努力拼搏之后获得一种令人心情愉悦的快感。

除了学习和运动以外，游戏或玩耍等需要我们在日常生活中行动起来的场景同样会刺激多巴胺的分泌，并在其作用下促使我们开始着手付诸行动。

与此相对，去甲肾上腺素则会在人体感知到压力的时候释放出来。例如在车流量较大的街道上穿行时，又或是在马上面临考试的时候，去甲肾上腺素的分泌会使我们的大脑瞬间清醒，精神高度紧张，心率迅速提升，从而极大地提高了大脑的注意力和专注力。

虽然多巴胺和去甲肾上腺素都是人体不可或缺的物质，但是某些情况也可能会导致这两种神经递质分泌过多。

正所谓凡事有度，过犹不及，一旦多巴胺分泌过多，大脑就会陷入极度兴奋的混乱状态，而一旦去甲肾上腺素分泌过多，大脑则会因为高度紧张而陷入极度恐慌。

为了避免这种情况的发生，便有了血清素。

血清素的作用之一，是让多巴胺和去甲肾上腺素的分泌量保持在适当的平衡状态。在血清素这一神经递质的帮助下，大脑能够根据周围的环境做出反应，有效避免了极度兴奋和极度压抑的情况，从而大大保证了大脑情绪的稳定性。

多巴胺与雄性激素共同促进男性特质的形成

虽然三大神经递质在人体内都有分泌，但是多巴胺对男孩的作用较大，而血清素则对女孩的作用较大。

之所以会出现这样的现象，是由于性激素的影响。

事实上，多巴胺容易与雄性激素发生联动，而血清素则容易与雌性激素发生联动。

在进入青春期以后，男孩体内开始大量分泌雄性激素，多巴胺的分泌量也会显著提高。

如前所述，多巴胺作为一种促进精神活力的神经递质，其大量分泌会促使男孩表现得更为冲动好斗。为了实现某一目标，男孩的攻击性和好胜心也会随之提升，同时产生积极向上的征服欲望。

你看，这些表现不正是我们所说的男性特质吗？

可能有些妈妈会觉得"我儿子虽然已经开始变声了，但还是柔柔弱弱的，一点好胜心都没有"。对此，我建议大家试着回忆一下孩子玩游戏时的样子。

不服输的眼神、准备迎接挑战的姿势、时不时发出的大叫和振臂挥舞时的样子，这些不恰恰正是孩子们充满攻击性、征服欲和好胜心的表现吗？

这正是他们体内的多巴胺火力全开的状态啊。

虽然雄性激素的强弱会让我们在好胜心和行动力上表现出差异，但是男孩的男性特质确实是在这一过程中逐渐形成的。

随着男性特质的逐渐增强，男孩开始表现出更强的魄力和活力。尽管很多父母会对孩子进入青春期后发生的巨大变化感到困惑不解，但是一想到这些变化都是激素的正常作用，大家是不是就会觉得容易接受了呢？

或者说，没有发生这种变化才是要引起我们的警觉的。

雄激素促使多巴胺大量分泌后

→ 好胜心

→ 攻击性

为达成目标奋力拼搏，不甘落于人后。

我不想看到你！

和亲友发生争吵，对不满的事情感到愤怒。

前额叶的四大重要职能——共情脑、奋进脑、专注脑、调节脑

在性激素的刺激下,三大神经递质(多巴胺、去甲肾上腺素、血清素)大量分泌,并对大脑中一个非常特殊的区域——前额叶产生作用。

在此不得不提的是,前额叶其实承担着四大重要职能。我形象地将它们称为"共情脑""奋进脑""专注脑""调节脑"。

不过,这四大功能是需要一个发育过程的。事实上,婴儿在刚生下来的时候,大脑还没有发育完全。在神经递质的不断作用下,婴儿大脑的功能会逐步完善,而且这一过程会一直持续到成年之前。

共情脑可以帮助我们从表情和态度察觉他人的情绪

接下来我们将依次介绍前额叶的四大重要职能。

首先是共情脑。在三大神经递质中，血清素对共情脑产生的作用较大。

简单来说，共情脑的职能是"读懂别人的内心"。

虽然这种说法听上去可能有点像超能力，但是通过一个人的表情和态度来对这个人的情绪进行直观的判断，这种能力正是通过共情脑来实现的。

比如我们在看四格漫画的时候，即使上面一个字都没有，但是通过角色的动作和表情，我们依然能够准确了解角色的想法并会心一笑。

尽管没有对话，但是我们依然能够猜到出场角色在想些什么。比如看到孩子一蹦一跳就能猜到孩子的心情很好，看到有人捂着肚子、皱着眉头，就能想到这个人应该是肚子不太舒服。仅凭一个人的表情、眼神和动作，我们就能够对他的要求、目的和心情做出合理的推测。事实上，正是由于共情脑发挥的重要作用，我们才能掌握这样神奇的"读心术"。

在经由青春期逐渐向成人过渡的这一阶段，前额叶的四大职能会在很长一段时间内不断地生长完善，但是只有共情脑是在 10 岁左右就可以基本发育成熟的。

从小学低年级开始，通过与家人、朋友及学校老师等周围人的接触和交往，我们不断地学习着如何读懂他人的心思，共情脑也随之得到发育与完善。

为了获得班级小红花而不断努力，其实是奋进脑在发挥作用

接下来我们了解一下奋进脑的情况。

对奋进脑产生刺激的，主要是多巴胺这种物质。

奋进脑可以帮助人们激发斗志，为实现某一目标而主动采取行动。事实上，鼓起干劲并开展行动的根源就存在于奋进脑中。

我们之所以会为了得到老师的小红花而认真完成作业，会为了达到追求的分数而心甘情愿地埋头苦读，其实正是奋进脑发挥了作用。

奋进脑的作用不只限于学习。为了在比赛中获胜，我们会在社团和俱乐部中刻苦练习；为了得到妈妈的称赞，我们会主动帮忙；为了配合中午的聚餐，我们早早就做好了

家务——以上种种行为，都与受多巴胺影响的奋进脑息息相关。

在上述这样成功实现设定的目标之后，多巴胺的作用会使我们感受到一种巨大的愉悦感，心情也会变得非常舒畅。这样一来，我们便会继续设定下一个目标，并朝着这一新的目标不断奋进。

可以说，人的成长依靠的是成功带来的喜悦的不断累积，而这种喜悦则是由多巴胺和奋进脑的共同作用带来的。

要想干脆利落地完成某项任务，专注脑的作用不可小觑

专注脑的主要作用是帮助我们更为高效地完成日常生活或工作和学习中的任务。

以开车为例。只有在对交通规则、驾驶技术和周围路况有了充分的了解和认识之后，我们才能够顺利地开车上路。具体来说，我们必须时刻关注行人、对向车辆和红绿灯的情况，而且还要对换挡和刹车的时机进行准确的判断，而这些都是由专注脑一手负责的。

烧饭也是如此。在烧饭的时候，我们必须要根据现有的食材定好要做的菜品，然后再按照顺序麻利地切菜备菜，翻炒出锅。

不仅如此，当孩子们在反复刷题的时候，其实也同样多亏了专注脑的存在。在专注脑的作用下，孩子们会试着先读懂题目，用学过的知识考虑题目的解法，然后再开始着手解题，最终完成一系列的动作。

这种对各类信息进行准确的判断，并将判断的结果立刻付诸行动的大脑行为，也被称为"工作记忆"。

作用于专注脑的神经递质主要是去甲肾上腺素。在感知到压力的时候，脑内分泌去甲肾上腺素的神经会兴奋起来。这种兴奋会刺激去甲肾上腺素的分泌，而去甲肾上腺素的分泌又直接对专注脑产生刺激，从而大大促进了大脑专注力的提升。

尽管坊间各种号称能够缓解压力的方法受到了人们的大力追捧，然而，无论在日常生活还是工作和学习中，适度的压力都是激发行动力所不可或缺的。

调节脑可以帮助我们缓和情绪，继续前行

最后，让我们再来了解一下调节脑。

调节脑主要负责情绪的调节和转换。与共情脑相似，调节脑也会受到血清素的影响。

当事情的走向没有遵从预期时，我们就需要根据实际情况重新调整和规划自己的行为。

而这个时候不可或缺的，便是调节脑所起到的作用。

在孩子还小的时候，大家应该都会遇到过孩子撒娇耍赖的情况吧。

我就曾经在某家书店偶然看到了这样一个场景：一个看起来应该还在上幼儿园的小男孩正缠着妈妈买宝可梦的书，后来干脆就坐在地上不走了。妈妈表示这本书家里已经有了，所以并没有理会孩子的要求，结果孩子就这样赖在地上不肯离开。过了一会儿，妈妈低声在孩子的耳边说了些什么，男孩的脸上便立刻泛起了笑容，母子二人开开心心地手拉着手离开了。

这件事情很好地证明了男孩的调节脑发挥的极佳作用。

其实无论是孩子还是大人，但凡遇到了不顺心的事情，

我们都会积极主动地调整自己的情绪，试图寻找一个折中的方案或目标，并由此展开新的行动。

相反，埋头蛮干不懂变通则会使人四处碰壁，也会不断地涌现出新的问题。而由此带来的抱怨和不满还可能会引发无尽的烦恼，大大影响一个人正常的社会生活。

如此想来，我在书店碰到的那个小男孩估计是同意了妈妈给他买个冰激凌或是其他东西作为补偿的方案，情绪也由此顺利转换。

前额叶的四大重要职能	
共情脑	无须言语，仅凭动作或表情就能够察觉他人的情绪。
奋进脑	为实现目标或争夺名次奋发拼搏，不断努力。
专注脑	紧张高效地完成某项工作。
调节脑	烦躁时调节心情，控制易怒情绪。

男孩的奋进脑较为突出，而女孩的共情脑更为发达

男孩和女孩的大脑在出生后的一段时间里并不会发生太过明显的变化，然而在迎来青春期之后，随着脑容量的迅速增加，前额叶会逐渐地发育完善，男孩和女孩的心理特质会出现显著的差异。

不仅如此，男孩和女孩大脑的发育也并不相同。

男孩的奋进脑会显得更为突出，而女孩的共情脑则会更为发达。

正如前文所提到的那样，由于雄性激素与多巴胺的关系非常密切，因此男孩的大脑往往会受到多巴胺的巨大影响。

具体而言，因为多巴胺主要刺激奋进脑，故对于体内大量分泌多巴胺的男孩来说，他们的奋进脑也会表现得更为活跃。

可以说，在多巴胺的媒介作用下，雄性激素大大提高了奋进脑的效用。

每一个男孩身上都能找到的"男子气概"

奋进脑的活跃会使男孩在多巴胺的作用下展现出旺盛的精力。他们大多争强好胜,对于得失和回报十分在意。

这种回报其实并不只是金钱。赞扬的话语、学校的表彰、考试的得分和名次都会让孩子因为拼搏奋斗取得了成就而被幸福感所包围,然后朝着下一个目标继续努力。

哪怕只是简简单单的一句"你真棒啊",往往就能猛然唤起孩子的斗志。

在长大成人步入社会之后,我们想要出人头地的愿望也正是这种回报意识的延伸。朝着丰厚的报酬和地位不断努力,在取得一定的回报之后,我们自然又会朝着更高的目标继续拼搏。

套用日本最近流行的一种说法,这也许就可以称为"肉食系男生"。

尽管我最近经常听说温文尔雅的"草食系男生"越来越多,不过对于男孩来讲,考虑到原本就是多巴胺的作用刺激着奋进脑,所以"肉食系男生"的倾向依然还是十分明显的。

虽然他们觉得勇于挑战、不断拼搏的样子看起来有些激进，虽然他们在穿着和发型上的讲究程度压根不逊色于女孩，但是只要雄性激素正常分泌，这些男孩的心理肯定还是会表现出明显的男性特质的。

与此相对，由于雌性激素与血清素的关系十分紧密，因此伴随着青春期的到来，女孩体内的血清素开始大量分泌，共情脑也会随之活跃起来。

与多巴胺让人活力四射的感觉不同，血清素带来的稳定平和的心态会让女孩在成人之后自然而然地散发出一种女性特有的柔和平稳的气质。

此外，由于女孩的共情脑较为发达，可以相对轻松地读懂别人的内心和情绪，所以她们往往善于感知气氛，而且体贴入微，很会为别人着想。

男孩的大脑发育要比女孩晚一些

在进入青春期以后，男女间的差异首先会在女孩身上体现出来。

人们常说"女孩早熟"。看看学校里的孩子们，你是不是也觉得女孩在发育上提早了一年左右呢？

调查显示，女孩大脑的发育速度确实要比男孩快一些。

曾经有人做过一个不同年龄阶段血清素分泌量的追踪实验，实验结果显示，女孩在3~4岁时血清素的分泌量就已经与成人水平接近，而男孩要到5~6岁的时候才能勉强接近。

因此，如果只看血清素这一帮助维持情绪稳定的神经递质来看，女孩确实可以更早地接近成人的标准。

如上所述，男孩和女孩在共情脑和奋进脑的功能上会表现出明显的性别差异，但是专注脑的职能却并没有出现太大的差别。

也就是说，男孩和女孩集中精神钻研某件事情的能力是大体相同的。

那么，父母十分关注的学习能力会不会因为性别而有所不同呢？

答案是否定的。

从脑科学的角度来看，男女之间并不存在明显的学习能力上的差距。

不过有一点区别还是非常明确的,即男孩的奋进脑功能较强,往往更有冲劲,而女孩的共情脑功能较强,往往较为温和。

最近,无论是在学校里还是在社会上,大家都习惯于不区分性别,对男女一视同仁。然而,就算男女之间没有能力上的区别,二者在大脑机能上也是存在明显区别的。由于出发点不尽相同,因此我们在对待男孩和女孩时还是需要灵活应对,多加留心。

令人颇为介意的
男孩神经发育障碍问题

现如今，无论哪个学校都会有一两个神经发育障碍的孩子。在这一节中，我们将从男孩大脑发育的角度来聊一聊这些孩子的情况。

最近，很多刚刚进入小学的孩子在学校里坐不住，而且上课的时候还会跑来跑去，甚至冲出教室。这种情况，就是我们所说的"新生综合征"。

尽管在入学前没有养成集体生活的良好习惯是这种问题发生的原因之一，但是在很多老师看来，除了一年级新生之外，其他年级里在上课时乱跑的孩子也比之前明显增加了很多。

一般来说，我们只要对这些有"新生综合征"的孩子好好加以引导，他们就能够学会遵守课堂的秩序。

然而，还有一些孩子尽管已经上了好几年学，积累了不少集体生活的经验，但是他们依然无法像其他孩子一样好好上课听讲。在这些孩子之中，有一些就存在神经发育障碍的问题。

孤独症、ADHD、学习障碍并不代表妈妈育儿无方

神经发育障碍可细分为孤独症、ADHD（注意缺陷多动障碍）、阿斯伯格综合征和学习障碍等几个类别，其中又以 ADHD 的情况较为多见。

尽管"神经发育障碍"听起来似乎有点像疑难杂症，但以 ADHD 为例，其实几乎每个班上都会有一个孩子是这种情况。从学习能力上来看，ADHD 的孩子与普通孩子没有什么明显的差别，他们同样能够适应正常的学校生活。

但是一般来讲，ADHD 的孩子大多好动且冲动，无法专注。

由于做事较为冲动，不会顾及周围的情况，因此这些孩子也很容易闯祸，总是喜欢自顾自地做出一些行为，如无视老师的提醒在课堂上跑来跑去，大声地和朋友聊天，等等。

这些孩子并不是故意捣乱，却一直饱受外界的批评，说起来确实十分可怜。然而与他们相比，更惨的恐怕是他们的

父母。尽管在学校配备的心理咨询师的帮助下，外界对于这些孩子的理解已经远胜于前，但是我们也经常听到人们对于这些孩子的父母"教子无方"的议论和偏见，这些父母也确实为此劳心伤神，痛苦不已。

事实上，ADHD及孤独症等是由于大脑机能发育不全导致的，与父母的养育方式并无关系。

也就是说，在这些孩子的大脑中，有一部分区域并没有正常地发挥作用。

尽管具体的细节还没有得到科学的验证，目前学界对此也是众说纷纭，但是在我个人看来，这一情况的出现似乎与调节脑和共情脑的机能不全有关。

首先，神经发育障碍的患儿不会做出让步。比如当他们想玩纸飞机的时候，这些孩子不会去寻找一个"等到下课之后再玩"的折中方案，而是在其他孩子还在学习的时候便已经将纸飞机扔得不亦乐乎了。

其次，神经发育障碍的患儿大多不擅长适应环境。他们仅依靠自己的感觉和想法率性而为，而不会去考虑与周遭环境的关系。

由此看来，他们的调节脑并没有正常地发挥作用。

患有孤独症的孩子的问题更为明显。

最典型的一个例子，便是孩子在路上碰到一个障碍物时会采取何种解决方式。一般来说，发现此路不通之后，调节脑便会发挥作用，帮助我们寻找其他方案，如另辟蹊径或原路返回等。

然而，由于孤独症的患儿无法正常发挥调节脑的作用，因此他们并不会采取变通的方式，而是会一遍又一遍地朝着障碍物继续前行。

调节脑和共情脑的职能无法正常发挥

对于神经发育障碍的孩子来说，他们的共情脑同样功能不健全。

前文提到，共情脑是帮助我们了解他人情绪和周遭氛围的一种大脑职能。共情脑的功能一旦出现问题，患儿就认识不到"现在是坐好听老师讲课的时间"，他们的自制能力也会大打折扣，上课或开会时突然起身离开也就不足为奇了。

不擅长感知周遭气氛的人，在人际交往上往往也会颇为吃力。

无论是调节脑还是共情脑，其实都会受到血清素的影响。女性大脑大多具有血清素式的特质，因此，就算调节脑的发育相差无几，男孩共情脑也往往不如女孩发达，因此患有神经发育障碍的风险也就更大。

可以说，神经发育障碍的孩子中男孩比例较高的原因之一便在于大脑的差异。

从小就要认真关注
孩子共情脑的发育

既然已经知道了男孩和女孩在大脑上的区别,那么在日常的育儿活动中我们又该注意些什么呢?

事实上,孩子的生理和心理飞速发育的青春期,正是我们在育儿过程中需要经历的一个转折点。在青春期前后,父母需要注意的地方可是不一样的。

在青春期之前的幼儿期到学龄期这一阶段,我们特别要关注孩子共情脑的发育。

通过动作或表情察觉他人情绪的"非语言沟通"

共情脑能够帮助我们通过动作或表情察觉他人的情绪。可以说,与人沟通的好坏是和共情脑的发育息息相关的。

日常生活中的沟通可以大体分为两种,一种是通过对话进行的"语言沟通",另一种则是无须对话的"非语言沟通"。

在这两种沟通中，共情脑主要参与的是非语言沟通。在孩子的童年时期，这种共情的能力正是我们需要好好培养的。

究其原因，就在于非语言沟通的比例占到了人际沟通的一半以上。与借助语言的对话相比，我们在日常生活中通过他人的表情感知并体会他人心情的情况更为多见。

正如第三章中详述的那样，由于 10 岁左右大脑的生理发育大体告一段落，因此 10 岁之前是决定孩子共情能力强弱的重要时期。

从小学会和周围的人沟通交流，在与人的接触中培养孩子的共情能力是十分重要的。

自打出生时起，小婴儿的共情脑便已经开始发育了

即便是刚刚出生的婴儿也不例外。

共情脑的发育自出生之后就已经开始了。大声啼哭或挥动手脚等行为，都是孩子积极地与大人交流的方式。

作为沟通对象的大人可能会觉得："宝宝连话都不会说，

怎么可能与人沟通呢？"

我们不妨试着回想一下自己的孩子还在襁褓中的时候。小小的人儿被大人抱在怀里，一双眼睛紧紧地盯着大人的面庞，嘴里还在大口大口地吃奶。看到大人的微笑，宝宝甚至也会笑着回应。

事实上，婴儿可以通过大人的呼吸、心跳、视线和表情来感受大人的情绪。虽然他们还不会说话，但是这种非语言沟通却能够帮助他们敏锐地捕捉到大人的想法，也是他们在努力地与大人进行沟通的方式。

张开小手让妈妈抱在怀里，贴着妈妈的面庞，感受着妈妈的呼吸，孩子便能够感知到妈妈此刻的心情是平静还是激动。此外，当孩子还在妈妈肚子里的时候，他们就一直在感受着妈妈的心跳，而这种熟悉的心跳声，让他们能够迅速地将妈妈分辨出来。如果妈妈的眼睛没有看着孩子，他们就会明白妈妈此刻正在关注着其他的事情。要是妈妈的眼神变得很凶，他们则会害怕得哭出声来。

婴儿之所以在不会说话的情况下依然能够与大人交流，

其原因就在于共情脑的飞速发育。心理学的相关研究也认为，婴儿能够读懂大人的想法。

虽然有些父母可能会不无遗憾地认为"早知如此，我就不那样对待孩子了"，但是对于绝大多数父母来说，他们与孩子的相处方式往往都是无意识的行为。

当孩子 1 岁多开始蹒跚学步的时候，父母常常会把他们带到公园里玩耍。这时，孩子之间的沟通和交流也就开始了。

男孩往往会越来越调皮，和朋友发生冲突的事情时有发生。孩子之间互相接触、一起玩耍的过程，对于共情脑的发育和完善至关重要。

和朋友嬉戏打闹能够很好地促进共情脑的发育

除了一起开心玩耍之外，朋友之间产生摩擦其实也是一种宝贵的人生体验，可以帮助孩子通过面部表情判断对方到底是友好还是心生厌烦。这种不断重复的训练，也能够促使孩子的共情脑得到飞速发育。

在孩子进入小学之后,刺激共情脑发育的机会便会陡然增多。

具体来说,除了所处环境的巨大变化之外,孩子的人际关系圈也会一下子扩大很多。在与不同类型的朋友相处的过程中,孩子们会不断学习人际交往的技巧,也更能判别对方的意图。

如果共情脑可以在这一时期得到充分的完善,那么在长大成人以后,孩子很有可能成为一个不只是听字面意思,而且能理解隐藏在背后的真实想法的人。

重视共情脑的发育,我们便有了感知周遭的氛围的能力,也有了对自己应该如何行动做出正确判断的能力。

青春期的孩子为什么能够一眼看穿大人的"谎言"

在进入青春期以后,伴随着性激素的不断分泌,男孩和女孩在大脑职能上也会出现明显的性别差异。

对于男孩来说,多巴胺的作用会使他们奋进脑的功能更为突出,男孩也会对考试成绩或比赛结果等回报更为关注。一旦付出的努力获得了某种回报,他们就会感受到极大的喜悦。

因此,如果儿子步入了青春期,父母就要对如何促进孩子奋进脑的发育有所意识。

具体来说,妈妈们可以试着打造一种环境,帮助孩子去享受足球、棒球或网球等体育运动带来的乐趣。如果孩子不爱运动的话,我们也可以加深他们对音乐或美术的兴趣,鼓励他们参加音乐比赛或美术考级等。

作为家长,我们不能一味抱怨孩子"就知道踢球""别一天天的光做梦",毕竟这种话语会极大地打击孩子奋发上进的决心。相反,我们应该多多地鼓励他们,在轻松愉快的环境下激发孩子的进取心理。

● 青春期的男孩大脑并非单纯只是"大人的迷你版本"

但是请不要忘记,这一时期男孩的共情脑也在发育。虽然我们之前说过,共情脑一般会在 10 岁时达到一定程度的成熟和完善,不过这种成熟和完善并不意味着发育的停止,共情脑依然还会在此后的时间里继续稳步发展。

在孩子进入青春期以后,共情脑的作用得到了比较充分的发挥,甚至会在一段时间内超过成年人。

也就是说,对于青春期而言,此时的大脑并非单纯只是"大人的迷你版本",而是处在与其他年龄截然不同的一种特殊状态。

不通过语言等媒介,而是凭借表情等来察觉对方的情绪——这种非语言沟通的实现,正是依靠共情脑的职能来完成的。

在询问妈妈能不能同意让自己去玩一会儿的时候,妈妈的一声叹息便能让孩子瞬间明白这是在表示拒绝。与成年人相比，青春期的孩子对这类沟通方式会更为敏感，而这一点也已经通过目前的相关研究得到了证实。

对于孩子来说，从刚开始的一张白纸到记住大量的词汇，再到长成 10 岁，他们的语言能力已经几乎可以达到成年人的水平。当然，这并不是指孩子的词汇量可以与成年人相媲美，而是表示他们已经具备了良好的语言操控能力，甚至可以与大人辩论。

换言之，孩子能力的飞速提升，将会使得大人的"哄骗"不再奏效。

在孩子年幼的时候，我们在一定程度上可以通过语言来控制他们的行为，也会耐心给孩子讲一讲道理。比如孩子相信圣诞老人的存在，我们只要说"只有乖孩子才能得到圣诞老人的礼物"，孩子便能够安静下来。

然而到了小学五年级左右，这样的说法却只会得到孩子冷漠的回应："圣诞老人根本不可能自己一个人把礼物送到全世界小孩子的手里。"

对于家长来说，这可就难办了。

儿子总是抱怨我"说话总是前后矛盾"

在青春期阶段,由于共情脑的作用得到了充分发挥,孩子的非语言沟通能力甚至强于成人,可以轻松察觉他人的情绪,读懂他人话语里的言外之意。

成年人出于场合的需要可能会说出一些冠冕堂皇的话,有时甚至还会编造一些或大或小的谎言。

孩子还小的时候不太会在意这些,但是到了青春期阶段,他们却能轻易看穿大人的伎俩,直接挑明"说话总是前后矛盾"。在面对尖锐的指责时,如果家长试图打个马虎眼糊弄过去,孩子往往不会接受,而且还会送上一个轻蔑的白眼。

尽管青春期阶段会出现很多亲子矛盾,但是这种情况并不会一直持续下去。在此,我希望父母能够保持冷静的心态,不要过于在意这些,毕竟这个年纪的男孩,奋进脑和共情脑都在发育呢。

奋进脑帮助我们开拓人生，调节脑帮助我们战胜困难

到了初中毕业的时候，悸动的青春期开始逐步走向尾声，男孩也大多变得沉稳了不少。此时，很多父母可能会觉得自己终于"躲过了一劫"。

要想成长为一个独当一面的男子汉，男孩的路其实才刚刚开始。读完高中，考上大学，再到初入社会——在这段时间里，人们总是希望男孩能够拼搏奋进，活力满满。

此时，父母也大多不会再插手他们的生活，往往只是希望孩子能够奋勇拼搏，积极开拓自己的人生。

青年时期，孩子们怀揣梦想，不畏挑战，在无数的失败和挫折中站起身来，不断成长。

在此我希望大家能够铭记于心的，便是调节脑。

尽管青年时期会遭遇很多次的失败和挫折，但是这也不失为一种锻炼，能帮助我们学会利用调节脑的功能来摆脱困境，朝着下一个目标勇往直前。

孩子成人之后能否过上幸福的一生，调节脑的功能自然不可小觑。

◦◦ 在进入成熟期以后，幸福的人生离不开调节脑和共情脑的帮助

在成熟期，我们的孩子也会组建自己的家庭，完成社会意义上的成长。此时，与奋进脑相比，共情脑和调节脑的功能反而更为重要——这一点，恐怕是大家目前很难相信的。

换言之，孩子们会从追求回报的多巴胺式价值观中解脱出来，转变为追求平静和安定的血清素式价值观。只要顺势完成了这一转变，他们便会迎来内心丰富的平稳一生。

在结束了青春期敢想、敢干的"拼搏路线"之后，进入成熟期的男孩往往会更加关注与周围环境的和谐共处，实现"退一步海阔天空"的人生转变。

作为家长，我们不能只聚焦于当下，而是要学会用长远的目光审视孩子的一生。这样一来，我们便会对整体的目标和该做的事情有些把握了。

男孩在不同阶段中需要得到锻炼的大脑职能

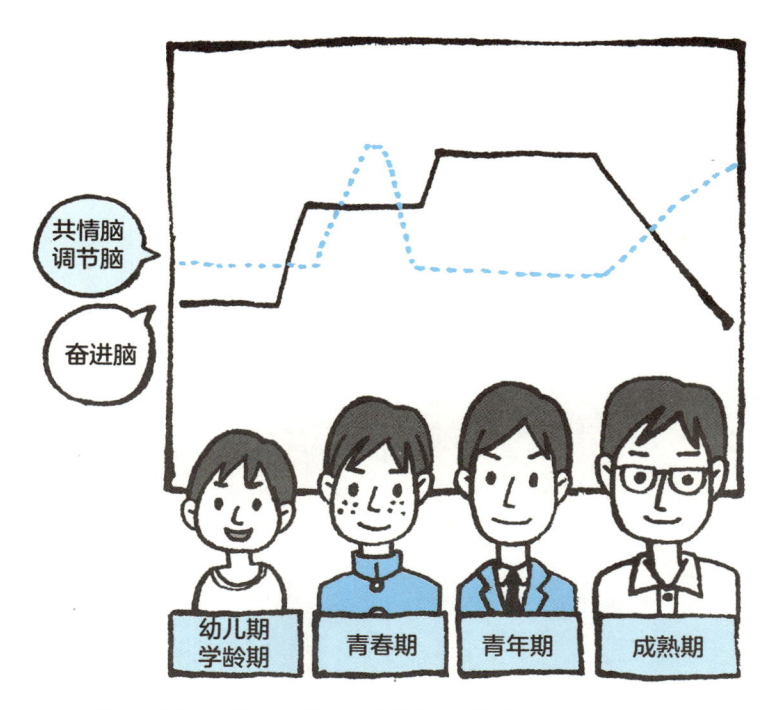

共情脑
调节脑

奋进脑

| 幼儿期 学龄期 | 青春期 | 青年期 | 成熟期 |

共情脑和调节脑在幼儿阶段是十分关键的。到了青春期之后，发挥奋进脑的功能则显得尤为重要。在男性成年之后，进一步发挥共情脑和调节脑的功能，实现与周围环境的和谐共处，才是获取人生幸福的关键所在。

第三章 让父母不再烦恼的男孩大脑十问十答

觉得"男孩不好带"？
这招能帮你轻松应对

男孩往往让人觉得难带，其原因就在于男女大脑之间存在差异。事实上，这种根本性的差异在宝宝尚未出生时就已经产生了。

在了解这一情况之后，很多家长可能会对"日常育儿的正确方式"产生好奇。尽管大家对男女大脑的差异有了一定的认知，但是育儿过程中遇到的烦恼却并没有就此消失。

因此，本章将采用一问一答的形式，对父母在抚养男孩长大的过程中经常会感到头疼的问题逐一进行解答。我也将站在脑科学的角度，结合男孩大脑的特点提出相关的想法和对策。当然，在遇到一些令我们感到不安的事情时，父母不妨也试着参照男孩大脑的特点琢磨一下，或许便能轻松释怀了。

难题 1　说了多少遍也不肯收拾

答： 对于本来就不擅长整理的男孩来说，鼓励和表扬更能让他鼓起干劲

我朋友的儿子到了初中快毕业的时候，房间里还扔着一个读小学时用过的书包。当妈妈的虽然为此大发雷霆，催着孩子赶紧扔掉，但为了孩子考虑，没有擅自将书包丢掉，而是等着孩子自己处理。最后等到孩子上了高中，终于有一天女朋友要到家里来玩了，这个小学的书包才算是彻底退出了江湖。

想必各位或多或少也都有过类似的经历吧？

对于爱干净的父母来说，男孩的房间本身就是他们最不愿走进的地方之一。教材和笔记本杂七杂八地堆在桌上，抽屉里胡乱地塞着各种皱巴巴的卷子，地上还扔着一只穿脏了的袜子……

那么，为什么男孩大多不会将房间整理干净呢？

男孩并不在意房间的杂乱

曾经有人做过这样一个实验。

将许多物品随意摆放在某个大房间之后,实验人员分别请若干男性和女性粗略观察一下房间的大致情况,然后再将他们带到其他房间稍作等待。在此期间,实验人员会调整大房间内某些物品的摆放位置,或者将其中一些物品拿出房间,然后将参与实验的人员再次请回大房间观察。

结果显示,参与的女性都能敏锐注意到并正确指出某些东西的位置发生了变化或者被人拿走了,而参与的男性却大多对此一无所知。

造成这种差异的原因,也许就在于原始时代的男女所培养出的不同能力。

在原始时代,女性肩负起了守护家庭的责任。为了在有限的空间里更好地完成家务,也为了让整个家庭生活得更为舒适,家里的物品就需要放到合理的放置。因此,女性便具备了细心整理的能力,而且也能够迅速地找到某个物品所在的具体位置。

与此相对,外出狩猎的任务主要由男性负责完成。因此，他们无须提升自己在有限空间内的收纳整理能力，不仅对杂乱的房间毫不在意，而且就算想要收拾也往往毫无头绪。

这一点与第二章中提到的加拿大黛博拉·索西亚博士的理论是一致的。

话虽如此，如果能把自己的房间和书桌收拾得干净一些，想必不管是妈妈还是男孩本人，心情都会舒畅很多。

所以，我们可以试着采用激活奋进脑的方式来完成这一目标。

具体来说，妈妈可以先帮孩子把房间收拾整洁，让孩子感受一下整洁的房间带来的舒适感。而用命令式的口吻让孩子"赶紧收拾"，孩子很难开始行动，我们可以试着和孩子一起，慢慢地将房间整理干净。

妈妈的赞许能够激发孩子打扫房间的动力

房间大体整理完毕之后，我们就要用"你可真棒，能把房间收拾得这么干净！""你看，只要一收拾就能变得很干净了！"等话语表扬孩子。

对男孩来说，妈妈的赞许是最好的回报。在受到表扬之后，孩子体内的多巴胺大量分泌，奋进脑随之受到刺激，孩子感受到满满的干劲。

在这种良性循环之下，男孩便会渐渐觉得脏乱的房间令自己感到很不舒服，慢慢就学会了应该如何收拾房间。

难题 2　让他好好写字也不肯好好写

答： 与整洁的字迹相比，男孩更在意所写的内容

字迹是否工整，男女之间的差异往往十分明显。

字迹潦草的孩子在写数字时同样如此，因此在数学考试时也会由于看错了自己写下的算式而未能取得理想的成绩。对于父母来说，他们自然是希望孩子能够尽快将字写好的。

在讨论字写得好坏之前，我们必须要对"文字是沟通的一种手段"这句话有一个重新的认识。从脑科学的角度来看，字迹是否工整表现的是写字之人对外的一种情绪。

由于男性共情脑的发育程度不如女性，所以他们对外界的想法并不会太过在意。就写字而言，周围人对自己写下的字抱有何种态度，他们也大多不会放在心上。因此，与女性相比，男性对"好好写字，不然别人看不懂"或"希望别人肯定自己写字好看"等意识是缺乏认识的。

因此，就算父母天天念叨，男孩也只会觉得"这不写得挺好的吗"。等到了小学高年级再想重新练字，恐怕已经悔

书写潦草，其实原因在于沟通困难

男孩在沟通的细节上显得颇有些笨拙。就写字而言，男孩大多觉得只要能让对方明白就好，所以即便书写潦草他们也并不会太过在意。只要写的字不会让人看不明白，父母其实不必太过焦虑。

之晚矣。

内容第一，字迹第二

　　男孩的字写得潦草，与他们常用的沟通方式不无关系。

　　如前所述，男孩的共情脑不如女孩发达，因此在察言观色或善解人意等沟通的细节上显得颇有些笨拙。就写字而言，男孩大多觉得只要能让对方明白就好，因此其重点也往往只放在沟通的内容上。尽管字迹工整能够给别人留下很好的印象，但是他们也并不太在意。对于男孩来说，字迹的优劣不重要，沟通的内容才是最重要的。

　　在我看来，这样的做法其实无可厚非。能够将自己想要表达的意思完整地传达给对方，就已经称得上十分出色了。

　　细说起来，写字是否必须工整反映了价值观的不同。只要写的字不会让人看不明白，我觉得就行了。

难题 3　没办法像女儿那样互通心意

答： 在孩子 10 岁前鼓励他多交朋友，提高孩子的沟通能力

某期电视节目曾经做过一个耐人寻味的实验，它讲述了不同的性别在沟通能力上表现出来的巨大差异，其具体内容如下所述。

首先，节目组找来了互不相识的男性和女性各 5 人，然后将他们按照性别分别请进了不同的房间，接着，节目组的工作人员说："稍后想让大家帮忙完成一项实验，所以先请各位在这里等候半个小时左右。"

节目组在两个房间里分别安装了隐藏的摄像头。通过摄像头显示，虽然大家互不相识，但是 5 位女性却很快彼此攀谈了起来，30 分钟后大家似乎已经相处得很融洽了。与此相反，5 位男性却只是一直坐在自己的位子上，彼此之间几乎没有对话交流，而且每个人的表情也都是冷冰冰的。

男性无法仅靠表情和目光注意到他人的情绪

上述实验表明女性大多擅长沟通，而男性则不然。

在雌性激素的影响下，女性的共情脑功能更为发达，与人沟通自然不在话下。"我们是要参加什么实验啊""和我一起参加实验的都是什么样的人呢"——在察觉到大家心里其实都有着类似的疑问和不安之后，她们很快便熟络起来，积极交换彼此的想法和心情。

与此相反，男性对于这种察言观色并不擅长，因此就算对旁边的人抱有好奇，他们也不大会揣摩对方的心思，自然也就很难主动开口搭话。

孩子的世界同样如此。

在进入高年级以后，女孩们只要在上课时交换一个眼神，就默认约好了下课时要一起去玩。不仅如此，如果有人要去厕所，不必开口便会有朋友结伴而行，想来这也是女孩之间才有的行为。

与此相对，男孩只有在听到对方明确提出"去玩"的时候，才会一溜烟儿地跑去操场。

对于男孩来说，没有明确内容的交流是很难成立的。在很多时候，仅凭一个表情或眼神，他们是很难察觉到对方的情绪的。

在进入青春期以后，孩子们在遇到一些烦恼时也会表现出同样的倾向。具体来说，女孩在遇到烦恼时往往会去找朋友聊天，试图通过朋友的共鸣来平复自己的情绪。

男孩却压根不会将自己的烦恼告诉朋友。就算真的向朋友倾诉，他们关注的也不是情绪上的共鸣，而是这一烦恼应该如何解决。

对于妈妈来说，"和男孩沟通不像和女孩沟通那样顺畅"自然也就非常正常了。

有些孩子甚至觉察不到他人的"恼怒"，在学校闯祸不止

话虽如此，我们还是有应对的办法。

事实上，一个男孩对于情绪和氛围的细微变化不太敏感也还好，但是如果连对方的喜怒哀乐都看不出来的话，那迟早会吃些苦头的。万一父母再对其放任不管，那么将来必然

会影响孩子正常的社会生活。

据我所知，最近有很多孩子觉察不到他人表现出来的"恼怒"，在学校里总是闯祸。明明对方已经表现得很不耐烦了，他们却依然无动于衷，甚至继续和对方纠缠不休，使得彼此之间的关系变得越来越糟。

朋友并不只是一起嘻嘻哈哈玩耍的伙伴。在产生冲突到修复关系再到重归于好的循环中，我们不仅可以使共情脑得到锻炼，同时也能培养沟通能力。

在 10 岁之前，大脑会在人与人的接触中不断完善。所以对于家有男孩的父母来说，创造机会让孩子和朋友尽情玩耍是非常必要的。

此外，我们还应该利用社团活动等增加孩子参加体育运动的机会，从而促使血清素发挥作用，帮助男孩的大脑充分发育。关于这一点，我们将在第四章中展开具体论述。

虽然在学校的成绩很重要，但是朋友之间的相处也能极大地增强孩子感知他人情绪和周遭气氛的能力。

在这一过程中，就算男孩无法像女孩那样互通心意，他们与父母之间的沟通也会变得顺畅很多。

难题 4　孩子总是沉迷游戏无法自拔

答： 放任下去孩子可能会更加沉迷，建议立刻给孩子定好规矩

"游戏脑"一词曾经家喻户晓，而长期痴迷游戏的孩子其大脑发育是否会受到影响也得到了人们的广泛关注。过去认为，游戏会对大脑前额叶产生不良影响，大大削弱人的判断力和控制情绪的能力。现如今，脑科学的研究也已证实，长期沉迷游戏确实会对我们的大脑产生不良的影响。

那么，游戏为什么会让男孩们如此青睐呢？

在我看来，其原因与多巴胺的分泌息息相关。

游戏可以极大限度地调动一个人的攻击性、好胜心、征服欲和进取心，促使他不停地继续通关，获取积分。这种游戏带来的成就感既是一种能够促进多巴胺分泌的"回报"，同时也能给大脑带来许多快感。

游戏会刺激多巴胺的分泌，给大脑带来快感

雄性激素能够刺激多巴胺这一神经递质的分泌。

原本男孩体内的多巴胺水平就比较高，在游戏的刺激下，多巴胺再度分泌，大脑就获得了更多的快感。事实上，男孩大多比女孩更容易沉迷在游戏中无法自拔，其实正是男孩大脑的这一特点造成的。

因此，就算父母已经让自己别玩了，可男孩还是迟迟不肯退出游戏，这一方面可能是孩子自身的问题，但其实也与男孩大脑的特点息息相关。看到这里，各位家长是不是也能有所释怀了呢？

如前所述，在学习人际交往的过程中，朋友之间的关系起到了非常重要的作用。究其原因，就在于和朋友的对话及接触能够有效促进孩子体内血清素的分泌。从这一点来看，如果一个孩子很少有机会和其他小朋友一起玩耍，只是一个劲地沉浸在游戏的虚拟世界之中，那么他就失去了培养自身沟通能力的机会，其结果自然令人忧心。

最近有很多游戏都加入了能够与网友互动的功能，但是虚拟世界终究不是现实。可以说，这种沟通与我们在现实生

活中亲眼所见、亲耳所听、直接交流的方式是截然不同的。

除了共情脑以外，血清素还会刺激调节脑发挥作用。因此，沉迷于游戏造成的血清素分泌不足，同样有可能会减弱对多巴胺式价值取向的抑制作用。

在现实社会中，我们经常会遇到很多不尽如人意的事情。只有学会转变想法、攻克难关，我们才能够得到真正的成长，并在这种成长的积累下成为社会中的一员。如果调节脑的功能有所欠缺，那么在遇到挫折时自然无法灵活地进行应对。

在游戏世界中，一个人可以随心所欲地支配世界，按照自己的想法尽情地施展自我。游戏所营造出的虚拟世界与现实生活往往存在着巨大的差异，而当孩子在两种截然不同的环境中频繁切换时，他们会逐渐感受到来自这种反差的压力，这其实是一种可以预见的情况。

非要打游戏的话,不妨试着和朋友一起玩体感游戏

尽管对孩子们的生活产生了潜移默化的影响,但游戏也并非一无是处。

在我看来,让孩子充分体验游戏之外的玩耍方式,学会与游戏和谐相处,才是一种确实可行的处理方式。

从现在开始改变,一切都不算太晚。父母能做的有以下两点:

1. 定好规矩,严格控制游戏时长。
2. 选择能够帮助孩子活动身体的体感游戏。

我们不需要取消孩子的游戏时间,而是要和孩子一起商量,决定彼此都能够接受的游戏时长(比如一天半小时左右),并让孩子在这段时间里尽情享受游戏的乐趣。

此外,既然已经决定了允许孩子玩游戏,不妨让孩子试试蹦蹦跳跳的体感游戏,而这样做也能尽量增加孩子与现实生活中的朋友一起玩耍的机会。与其让孩子一直盯着屏幕一动不动,这种方式显然对大脑的发育更为友好。

如果孩子开始一个人躲在房间里长时间玩游戏，我们就必须有所警觉了。特别是对于有些游戏打得很好、得分很高的孩子来说，他们很有可能会对游戏愈发痴迷，不仅觉得游戏本身就是生活的目的，甚至还觉得其他的都可以不要，只要有游戏就够了。

如果父母对这种情况长期坐视不管，最后的结果就是父母也会对这种情况见怪不怪，只是觉得孩子又在打游戏罢了。

是否允许孩子打游戏，决定权掌握在父母的手里。

男孩本来就更容易沉迷在游戏中无法自拔，作为父母，我们一定要牢记上面这一点，并在家里定好相应的规矩。

难题 5 和孩子之间的争吵增多，让我感到压力很大

答： 他已经看穿了你们"善意的谎言"，要试着有意识地和孩子说实话

有的父母会向我抱怨，明明自己只是在早上送孩子上学之前亲切地说了一句"路上小心"，结果却总是招致自己与青春期儿子之间的纷争……

事实上，这些纷争的源头往往是一些细枝末节的小事，比如父母的一句"作业做完了吗"，就会让孩子觉得很不中听，直接顶回去一句"烦死了"，家庭纷争便就此展开。父母的随口一问，没承想居然会让孩子们如此反感。

如果家里有个男孩的话，他们不仅态度粗鲁，有时甚至还会干脆无视父母的存在。

青春期是一个叛逆的阶段，从小学高年级开始，很多家庭都会出现类似的情况。

让父母感到最为棘手的，应该就是这些压根不算什么的小事抑或是之前都能正常沟通的话题，现在却成了亲子之间发生冲突的导火索。在说话的时候，父母竟然不得不看孩子

的脸色，以免不小心在什么地方惹到孩子。这样看来，父母心里的压力确实不小。

● 之前能够正常沟通的话题突然成了争吵的导火索

青春期的孩子之所以会和父母产生冲突，其原因就在于家长对于孩子的成长认识不足。事实上，共情脑在进入青春期后会变得比成年人更为敏感，孩子也更希望能够看清周围事物的本质。有时他们甚至能够看穿大人的话到底是真是假，这一点也不得不令人刮目相看。

此外，尽管大人还是会希望像之前那样用话语哄骗孩子，但是孩子却可以轻松判别哪些才是真话，小时候的那套方法自然也就不再奏效了。

具体来说，有话直说的孩子往往会令家长觉得蛮横无理，而家长那些真假参半的话语又会令孩子觉得无所适从。

就这样，父母与孩子之间的争吵日渐频繁。

在孩子的眼中，父母的一句"作业做完了吗"，很可能会让孩子理解为"肯定是怀疑我压根就没做作业。其实是想责怪我，都已经六年级了还不知道写作业"。

父母平时可能已经很注意不去招惹正处在叛逆期的孩子，但其实最为重要的，是要学会和孩子说真话。

以上文为例，我们可以把自己的真实想法直接告诉孩子，比如："妈妈知道你平时作业完成得都很认真，但是昨天我没看到你写作业，所以有点不放心，才想着问你一下。"

大家都愿意相信真诚的人，这一点无论大人还是小孩都不例外。

孩子的"叛逆"说明他们长大了。作为家长，不妨忍一时风平浪静

面对孩子的叛逆行为，做父母的很可能会忍不住想要教训两句。但是，青春期的孩子产生叛逆心理其实是共情脑敏感度提升的自然表现。作为家长，在看到这种成长时应该高兴才对。

也许有些家长会担心孩子的性格发生了改变，不过这种变化只是暂时的。一旦和孩子产生冲突，不妨退一步，反过来多听听孩子的话。

难题 6 最近孩子开始不愿意说话了

答： 同为男性大脑，男孩和父亲之间的沟通应该还是会比较顺畅的

原本孩子总是会将朋友之间的故事或者学校发生的趣闻事无巨细地讲给家长听，但是在升入初中之后，孩子却突然变得沉默寡言起来。其实，这种变化也是青春期男孩的一个明显特征。

人们常说，旧时代的爸爸在日常生活中只要会说"吃饭""洗澡""睡觉"这三个词就够了。细想起来，这一点倒是和现在的初中生们颇为相似。不管你问什么，他们也只会用"凑合""一般"敷衍了事，再细问下去，他们还会甩出一句"烦死了"，然后便躲进房间不再出来。为人父母，这种时候真的很是痛苦。

男孩越来越沉默寡言，其实是由于"他们不知道应该如何沟通"，而造成这一情况的根本原因就在于男孩体内的血清素并不会像女孩那样大量分泌。与和人交谈相比，男孩更希望进行有条理的思考。因此在男孩看来，只要把必要的内

容说了出来，其他的东西自然是无须多言的。

此外，正如难题5中提到的那样，青春期阶段的孩子们已经能够听出大人话里的言外之意，他们与父母的冲突也逐渐增多。在这种顾虑下，青春期的男孩大多会觉得"反正说到最后也要吵起来"，所以常常会有意回避与父母之间的交流。

尽管男孩身上带有多巴胺式的男性特质，但是他们并不会无缘无故地攻击父母，因此也无须太过担心。

对男孩来说，寥寥数语便已经足够了

那么，如果遇到升学之类必须和孩子商量的事情，父母又该如何做呢？

爸爸出马，不失为一条妙计。

男孩和爸爸都拥有男性的大脑，互相了解对方的感受，很可能会出人意料地直抒胸臆，敞开心扉。在妈妈看来，也许孩子和爸爸的交流很是冷淡，但是就算他们之间的对话不太多，这种逻辑性较强的对话却足以令他们了解彼此，互通心意。也许这正是男性大脑所特有的一种沟通方式吧。

在青春期快要结束的时候，很多男孩便会像无事发生一样，重新回到和父母无话不谈的状态。因此，妈妈们实在无须多虑，只要在孩子青春期的时候爸爸出马解决就可以了。

不过，如果孩子沉默不语的情况比较极端，可以连着好多天都不和任何人交谈的话，我们就要小心孩子出现了"宅男"（详见难题9）的倾向。这时我们必须多加留心，密切关注孩子的状态。

难题 7 孩子好像一直无法从失恋的打击里走出来

答： 对于遭受了挫折的男孩来说，父母应该做的是温暖守护，而不是严厉责备

青春期意味着性激素的分泌量急剧增加。也许父母还不太能接受，但其实在父母眼中尚且年幼的孩子已经开始对异性生出好感，有了心仪的对象也是稀松平常的事情。

不过就算真的失恋了，只要能够充分调动调节脑的职能，将注意力转移到兴趣爱好或者体育运动等其他方面，我们就不需要太担心。毕竟，时间会治愈一切。作为父母，我们只需要带孩子出去吃个饭换换心情，告诉他们这也是一段很好的人生经历，帮助他们重新振作起来就够了。

如果一个男孩因为失恋一直郁郁寡欢、意志消沉，接连几个月都无心学习的话，这种情况就必须引起家长的注意了。

男孩大脑中的多巴胺有时会让他们为了追求快感而不顾后果。无论是想和喜欢的女孩开心相处还是想让她成为自己的女友，一旦深陷其中，可能会出现不管不顾的过激行为。

这样的做法并不能称之为"热情"，极端情况下甚至还

会出现跟踪狂的倾向。

考试失利，社团遇挫……恋爱以外的挫折同样可以适应

虽说已经进入了青春期，但孩子毕竟还是孩子，自然离不开父母的支持和帮助。

除了失恋以外，考试失利、社团遇挫等也是如此。

当孩子遭遇失败，我们不应该斥责他们，而是应该用平和的心态温柔地接纳孩子的失败，也可以轻轻地拍拍孩子。从脑科学的角度来看，这种方法并不是在唤醒多巴胺的职能，而是要促进血清素的大量分泌。

这样一来，孩子的情绪便会逐渐平稳下来，避免出现由于多巴胺的冲动造成一味追求快感的行为。

因此，在看到孩子意志消沉的时候，父母一定要学会充分调动自身的共情脑，认认真真地听一听孩子的心声。

难题 8　孩子在学校总是一个人单独行动，让我觉得有些担心

答： 从现在开始，试着让孩子多交朋友，促进孩子共情脑的发育

放假了不肯到外面去玩儿，平时也不大和朋友聊天，总是喜欢一个人在桌子旁静静地坐着。事实上，每个班里都会有一两个这样的男孩。在发现自己家孩子的这种情况之后，父母肯定心急如焚。

"你是不是遇到什么事情了？"在面对父母关切的询问时，他们往往只是用"我喜欢自己待着""我想看会儿书"等回答来搪塞过去。

别看这些孩子表面上装作若无其事，但在他们心里其实也希望像其他的孩子那样，和朋友一起嬉笑打闹，聊聊功课。

对于这些男孩来说，就算他们想要遵从本心和朋友一起玩耍，但是有些事情却最终令他们打消了这样的念头。与其他孩子相比，这些男孩又有什么样的不同呢？

在我看来，共情脑的发育不够完善是造成这种情况的主

要原因。

共情脑的发育不够完善，会无法对周遭的氛围做出敏锐的判断，也无法准确把握与朋友之间的距离。尽管这种缺失在小的时候并不十分明显，但是到了小学高年级之后，随着其他孩子共情脑的逐渐完善，这种缺失会表现得愈发明显，这样的孩子也会被贴上"怪人"的标签，逐渐被排除在集体生活之外。

尽管孩子做过很多努力想要融入集体的生活，但是一次次的失败最终还是会让他觉得与其这样，反倒不如一个人轻松自在。这样一来，课间的时候自然就被孤立在外了。

幼年时的家庭环境会压抑男孩的情绪？

共情脑掌管着读懂他人情绪的能力。很多因素都可能会导致这种能力的缺失，而幼年时的家庭环境便是其中重要的一项。例如幼年时期家里只有一个孩子，但是父母又因为工作太忙而没有太多时间陪伴孩子等。

父母无暇带孩子去公园玩耍，没有创造孩子与其他小朋友一起玩耍的机会，甚至为了不让孩子哭闹就干脆打开电视哄孩子等一系列做法，其实都是在剥夺孩子的大脑极为可贵的发育机会。

对于妈妈来说，电视是她们在忙于家务时可以帮忙哄住孩子的一大利器。很多妈妈都会在自己做饭的时候让孩子看会儿电视，但是无论孩子看得多么开心，电视也只是一台机器而已。机器不会对孩子的笑声和话语做出任何回应，孩子此时只是在做单向的沟通和交流。

模仿是学习的基础。

自呱呱坠地以来，孩子其实一直都在不断模仿中学习。面对一个好的模仿对象，孩子会在不断模仿和确认的过程中逐渐成长起来。

因此，就算孩子模仿电视里的样子跳起舞来，但是电视不可能及时给予他们相应的评价，他们也就无法对自己的动作是否到位有所认识，自然也就无从知晓自己到底跳得好或不好。从这个角度来看，孩子是无法通过电视来学习的。

与同年龄段的孩子一同玩耍能够培养孩子的沟通能力

在成长过程中,人与人的接触十分重要。特别是同龄人之间的交往,能够有效刺激共情脑的发育和完善。虽然对于父母来说可能有些辛苦,但是有意识地给孩子创造一些与人接触的机会,其实也是育儿过程中非常重要的事项。

如果孩子在学校的人际关系不太好,不妨试着带他们到学校之外的地方去寻找与人沟通和交流的机会。

无论是兴趣班、运动队、社区儿童协会,还是夏令营等,这种能够尽量创造肢体接触机会的地方都算是比较理想的。如果有年龄相仿的孩子一起的话,那么一起参加志愿活动也是一个不错的选择。

这样一来,在大家都朝着目标一起努力的过程中,孩子不仅可以将多余的多巴胺代谢出去,也能使共情脑得到发育。

在逐渐掌握了与朋友相处的技巧之后,他们在学校自然就能交到一些要好的朋友了。

我家孩子在学校里被人孤立了怎么办？

为了帮助课间休息时总爱一个人默默看书的孩子尽快融入集体生活，我们需要增加他与同龄孩子交流和沟通的机会。在校园之外，我们也可以在社区儿童协会或夏令营等地方增加孩子的相关体验。

难题 9　我家孩子不肯与外界接触，是不是快要变成宅男了？

答： 如果平时很稳重的孩子突然变得急躁，那确实需要引起注意

宅男的出现与血清素的含量有明显的关系。

血清素的含量不足往往会阻碍人际关系的顺利展开。如果此种情况一直得不到改善，孩子就会出现拒绝与他人交往的倾向。渐渐地，他们更喜欢沉浸在自己的世界里，在虚拟世界中体会多巴胺带来的快感。

这就是宅男出现的一个典型过程。

如上所述，血清素这种神经递质会对共情脑和调节脑产生巨大影响。与女孩相比，男孩体内的血清素分泌量原本就要偏少一些，如果小时候再一直躲在家里看电视或者打游戏的话，孩子体内的血清素含量便会愈发不足，严重影响大脑的相关功能。

具体来说，共情脑的功能不佳会导致孩子无法正常发展人际关系，调节脑的功能不佳则会导致孩子在遇到困难时无法采取灵活的应对方式。

因此，当孩子的不满情绪突然爆发，让父母感到无所适从的时候，其实就已经属于暴躁易怒的情况。当然，有些孩子可能不会表现得太过冲动，而是喜欢一个人沉默不语，但其实这样的结果同样是由于共情脑和调节脑的功能不全造成的。

在彻底沦为宅男之前，男孩的大脑会发出一种警报

孩子经常性地出现暴躁易怒的情况，周围的人也会逐渐对其敬而远之。这样一来，孩子在陷入了被人孤立的状态之后，往往也会选择干脆不与人交流，躲在家里不肯出去。

一旦如此，我们就很难再帮其打开外面世界的大门了。面对这样的孩子，单纯依靠父母的力量是不够的，我们必须寻求外界的帮助，而且不能操之过急。

因此，在孩子已经开始出现宅男的倾向时，我们就需要尽快应对。

比如一个孩子一直没有什么朋友，平时也总是安安静静的，没有什么存在感。但是突然有一天，这个孩子控制不住脾气、烦躁不已，就需要引起我们的注意。

这种爆发式的愤怒，可能是由于孩子体内的血清素分泌不足，在事与愿违的时候本该充分发挥作用的调节脑并没有得到充分发育的缘故。

此外，这种爆发式的愤怒也可能是由于共情脑的发育尚不完备，在冲动状态下孩子无法顾及周围人的感受所造成的。

不过，我们也不需要对此太过担心。

虽然血清素分泌不足会使孩子的大脑出现暂时性的功能缺陷，但是在这种情况下，孩子依然具备良好的判断能力。因此，只要我们从一点一滴的生活习惯入手，就能帮助孩子重新恢复活力。

在下一章中，我们将介绍一些能够促进孩子血清素分泌的生活习惯。只要各位家长在这些生活习惯上多加留意，这种对孩子无法正常社交的担心便会烟消云散了。

难题 10　我想让他变得更有男子气概一些

答： 试着让孩子多积累一些通过奋勇拼搏获得成功的经历

父母应该都希望自己的儿子外表英姿勃勃，内心刚毅果敢。

然而，现实却往往不尽如人意，缺乏男子气概的男孩似乎越来越多了。

有些男孩没有什么奋发拼搏的想法。

在雄性激素正常分泌的时候，一旦决定好自己的奋斗目标，男孩便会在多巴胺的刺激下朝着目标奋勇前进。

那么，为什么很多男孩不再具有这种特质了呢？遗憾的是，仅仅依靠脑科学的相关研究，我们是无法解答这一问题的。但是在我看来，整个社会目前都很难设定出前进的目标，其实是造成这一情况的原因之一。

对于现在的孩子们来说，就算努力学习、考上知名大学并顺利进入大型企业，同样也面临着企业破产倒闭的风险。

这种新闻看得多了听得多了，自然就无法再形成父母那种"付出一定会有回报"的价值取向。

反过来说，在这些孩子看来，也许"与其拼命努力，不如享受社交"的血清素式价值观反而更有可能帮助他们获得幸福。

从某种意义上来说，这样的生活方式也许会更为轻松。

大家都知道，正值青春期或者青年期的人肩负着未来的无限可能。但是如果这些人全都开始抱有上述这些想法，那么不要说个人的成长，整个社会的发展也必然会停滞不前。

对于青春期到青年期的男孩来说，多巴胺在他们的成长过程中至关重要。父母就需要帮助他们唤醒多巴胺的作用。

要想唤醒多巴胺的作用，我们应该让孩子多积累一些朝着目标奋勇拼搏并获得成功的体验。这种用努力和汗水换来成果的成功经历，不仅对于男孩的大脑来说是一种丰厚的回报，而且也能帮助孩子形成继续努力的正向循环。

这种体验可以是在学习中攻克难题、在社团活动里崭露头角；也可以是通过志愿活动得到外界的感谢，也可以是进行某一种兴趣爱好的相关研究。哪怕是父母带着孩子在周末一起动手搭建了一件作品,也是一次很棒的成功体验。

无论体验是大是小,重要的是要不停积累。通过积累,我们就能帮助孩子养成"向着未来,朝着目标,奋力前进"的良好习惯。

第四章

养成良好的日常习惯，帮助男孩充满活力

要锻炼的大脑职能不同，
开出的处方自然不尽相同

対男孩的大脑有了深入的了解之后，每天的育儿工作也会轻松很多。不仅如此，就算之前认为"为什么他会变成这样""青春期的男孩子真是让人崩溃"，现在应该也能更为冷静地去应对青春期所出现的问题。

不过，除了一些针对青春期问题的解决办法之外，本章还将介绍一种能够让男孩"由内向外都充满活力"的教育方法。

这种方法可以帮助前额叶的四大职能（共情脑、奋进脑、专注脑、调节脑）实现均衡发展，从而让父母和儿子的每一天都充满活力。

日常的生活习惯，正是这一方法的关键所在。

孩子的大脑在妈妈肚子里的时候就已经随着性别的不同显现出了些许差异，而且前额叶的四大职能在成年之前仍在不断发育和完善。

因此，与朋友相处的方式，在学校或家庭中的生活方式，都会使孩子前额叶的四大职能在发育上表现出巨大的差异。

前额叶的四大职能会受到日常生活习惯的影响

婴儿学会说话的过程，与婴儿所在的生活环境有着极其密切的关系。

举一个极端的例子，不知道各位是否听说过一对双胞胎女孩被狼养大的故事。这对年幼的姐妹是在印度的某处森林里被人发现的，因为在没有人类文明的世界里生活了很长一段时间，所以这对姐妹无法听懂人类的语言，就连睡觉和走路的方式也都和狼一模一样（至于这个故事到底是真是假，目前众说纷纭）。

想来正是由于这两个女孩未曾体会过普通人的生活，所以掌管语言中枢的大脑区域没有得到良好的发育。

由此看来，日常的生活习惯对大脑的影响是非常巨大的。

当然，我们在抚养孩子时并不会遇到狼女那样的极端环境，但是无论是我们的孩子还是狼女，前额叶的四大职能都是在呱呱坠地之后不断发育完善的。不仅如此，这些职能是在适当的环境下受到了适当的刺激，从零开始一点一滴逐渐形成的。关于这一点，希望父母能够牢记在心。

观察孩子的日常表现，找出需要锻炼的大脑职能

关于前额叶的四大职能，在日常生活中需要注意的地方各不相同。

在介绍具体的解决方案之前，让我们再来回顾一下前额叶的四大职能与能够对其发挥作用的三大神经递质之间的关系。

对于正处在成长期的男孩而言，能让其勇往直前的奋进脑最为发达。在多巴胺的刺激下，奋进脑被进一步激活，帮助男孩朝着理想和目标不断前进。

如果孩子嘴里总是念叨着"无所谓""好累啊"，干什么都懒洋洋地提不起精神，而家长又希望孩子能够打起精神奋发向上，那么就需要将孩子的奋进脑调动起来。

掌管沟通能力和稳定情绪的是共情脑。共情脑可以通过

动作和表情读懂他人的真实想法，而且共情脑很容易受到血清素的影响。

和朋友之间的关系不好，总是自己一个人待着——在出现上述情况时，我们就需要对孩子的共情脑给予更多的关注。只要共情脑逐步得到了锻炼，孩子就能敏锐地感知到周遭的气氛，逐渐赢得朋友的信任。

调节脑可以根据情况灵活调整情绪，其同样会受到血清素的影响。

在孩子不懂变通、麻烦不断的时候，又或是一不开心就烦躁易怒、哭泣不止的时候，往往就需要我们来激活孩子的调节脑。

要让孩子按照要求迅速展开行动，我们就必须提高孩子专注脑的活性。适当的压力能够促进去甲肾上腺素的分泌，而去甲肾上腺素能够刺激专注脑发挥作用。那些理解能力出众、功课总是很快做完的孩子，其体内的去甲肾上腺素就是一直不断地发挥着积极的作用。

要想让男孩充满活力，其实我们并不必刻意去做什么

外界的刺激和激素的影响能够左右三大神经递质的分泌。

在此我们将其关系整理如下。

- 多巴胺：回报（他人的称赞、成就感等）
- 血清素：阳光、运动、接触（肌肤接触）
- 去甲肾上腺素：适度的压力

也就是说，要想在日常生活中激发男孩的活力，我们只要刺激三大神经递质的分泌和活性就可以了。

其实这些方法都很简单，既不需要吃药，也不需要练习，而且很多都可以立刻着手操作。至于如何将这些方法导入日常生活之中，我们将在下文中展开具体论述。

前额叶四大职能与神经递质的关系一览

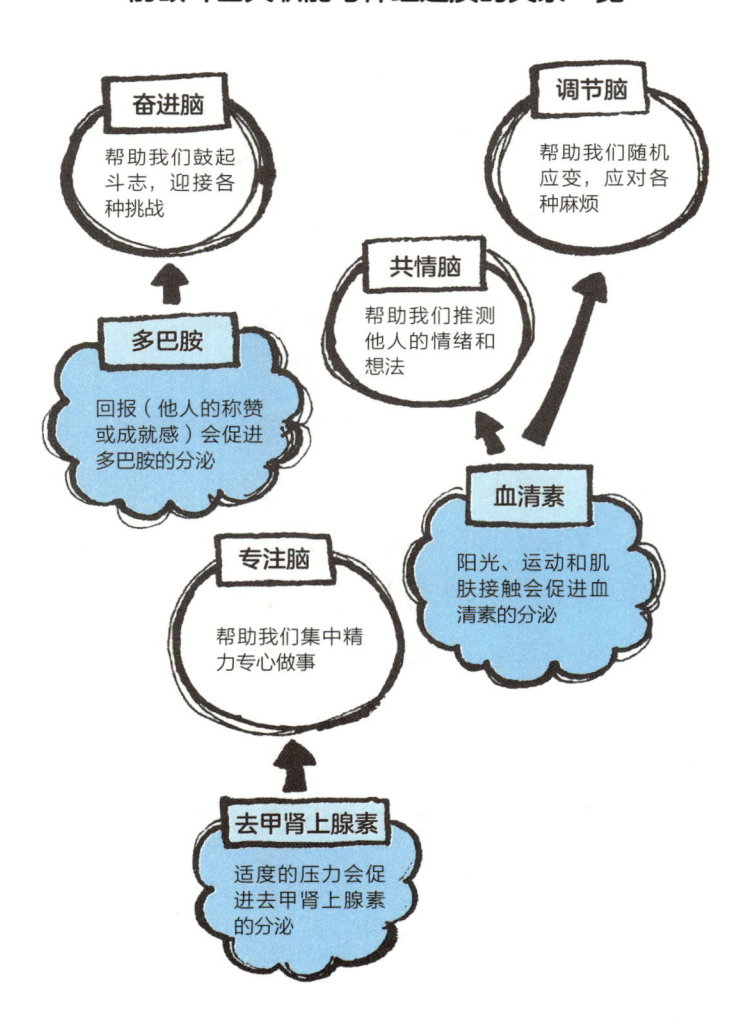

奋进脑
帮助我们鼓起斗志,迎接各种挑战

调节脑
帮助我们随机应变,应对各种麻烦

共情脑
帮助我们推测他人的情绪和想法

多巴胺
回报(他人的称赞或成就感)会促进多巴胺的分泌

血清素
阳光、运动和肌肤接触会促进血清素的分泌

专注脑
帮助我们集中精力专心做事

去甲肾上腺素
适度的压力会促进去甲肾上腺素的分泌

有效的夸奖和鼓励能够提升孩子的拼搏能力

要调动男孩的干劲,我们就必须激发多巴胺的活性,使孩子奋进脑的功能得到锻炼。而能够激发多巴胺活性的,便是回报。

在目标实现的时候或者在目标实现的过程中所得到的东西,都可以称之为"回报"。

对于孩子来说,回报其实就是他们取得的成果和奖励,比如一番努力之后获得的优异成绩或者表彰、完成某件事情之后获得的成就感或满足感等,都是他们得到的回报。此外,妈妈的喜悦、学校里的小红花、得到的称赞或感谢、他人口中的加油和鼓励、收到的零花钱或者礼物等,这些也都可以称为回报。

对于回报的渴望,能够大大激发孩子的动力。

1岁左右,孩子开始站起身来蹒跚学步。在这一阶段,父母越是拍手称赞孩子"走得真好",孩子越会高高兴兴地越走越起劲。

毕竟，父母的笑脸对孩子来说是一种回报，同样也是激发体内活力的原始动力。

在看到父母欢欣雀跃的表情时，孩子也会开心不已，其大脑随之分泌的多巴胺则会刺激孩子产生"继续走下去"的想法。

从脑科学的角度来看，"正向鼓励"是一种绝佳的育儿方式

"称赞"是激发多巴胺活性的一种最为简单有效的方法。

从脑科学的角度来看，育儿专家和教育学者们经常提到的"正向鼓励"确实是一种非常正确的教育方式。

然而，此前的传统教育模式却与之相反——人们大多喜欢用"不行""不可以"等斥责的方式给孩子施压，迫使他们不得不开始学习。

这样的做法是极其糟糕的。对于孩子来说，别人的称赞是他们得到的一种回报，而这种回报能够有效地刺激多巴胺的分泌，让孩子鼓起干劲，朝着目标继续努力。

在希望孩子能够主动一些、多加努力的时候，父母很

可能会试着通过唠叨的方式来激发孩子的斗志。但是，不管孩子听到了多少唠叨，只要孩子的大脑里没有因此而获得快感，多巴胺便无法被激活，孩子自然也就很难获得巨大的进步。

如果父母一直都在不停地说教，孩子的大脑甚至可能会变得一片空白。从脑科学的角度来看，这样做自然不可能激发出任何的斗志，可以说是有百害而无一利。

比如孩子的成绩从 70 分上升到 80 分的时候，板着脸表示"你才多考了 10 分"与开心称赞"你居然多考了 10 分"，二者对于激发孩子鼓起干劲继续努力的效果存在着巨大的差异。

对于成年人来说，如果别人对自己做的菜品一直吹毛求疵、抱怨不已的话，你是不是也会失去做饭的动力呢？与此相对，哪怕得来的只是简单的一句"太好吃了"，我们也会觉得心情舒畅，甚至还会为了做得更好而花费时间提升自己的厨艺。

别人的称赞能够有效激发多巴胺的活性，令人切实感受到愉悦的快感，从而萌生出继续努力的动力。事实上，这也正是多巴胺的工作原理。

在目标实现之后，伴随着多巴胺的分泌，我们的心里会涌起一种愉悦感。在这种愉悦感的刺激下，我们会继续设定新的目标，并为了实现这一目标而不断努力。这种良性循环一旦形成，孩子就会自发地努力向前，自然也就不需要父母过多干涉了。

要想形成这种良性的循环，首先就要学会称赞孩子。

学会让孩子自己设定目标，尤其不要让他们感觉自己是被逼着往前走的

要想提高孩子的多巴胺活性，除了在生活中学会称赞他们之外，还有一个很重要的方法。

那就是，要让孩子自己设定目标。

在奋进脑的作用下，主动努力的孩子和被人推着赶着消极努力的孩子，其大脑所发挥的作用也是不一样的。

比如孩子定下了目标，要把一整套自己并不喜欢的数学练习题全部做完。

在面对这套数学练习题时，尽管最初可能会有些不想开始，但是"妈妈肯定想不到我会全部做完……加油加油！"的想法往往会激发孩子鼓起干劲，而那种"不想开始"的想法也会转换成一种主观的特殊压力，从而刺激多巴胺发挥作用，使得奋进脑能够更好地工作，也会令孩子处在斗志昂扬、充满干劲的状态。

这种主观的压力也是提升孩子主观能动性的一种动力。

与此相对，如果孩子是在父母的要求下不情不愿地开始做数学练习题的话，这种负面的压力就会使得孩子体内的去甲肾上腺素开始分泌，大脑也会随之陷入一种极度不安的紧张状态。

因此，虽然同样都是做一套数学练习题，但是根据孩子感受到的压力的不同，大脑的状态也会出现"充满干劲"或"紧张不安"的情况，做数学练习题的结果自然也会截然不同。

早睡早起、户外运动和肌肤接触，都能够极大促进男孩大脑的发育

负责沟通交流、稳定情绪的共情脑和负责控制暴躁心情的调节脑，是孩子在发育过程中需要特别关注的两种大脑职能。

为了促进上述两大职能的完善，我们就需要积极调动血清素的活性。具体来说，我们可以通过三种方式来实现这一目标——早睡早起、户外运动和肌肤接触。

也许有人会觉得这些方法过于简单，但其实只要用心去留意这些简简单单的小事，便能够切实有效地提高孩子的血清素能力。

明媚的阳光能够激发孩子体内血清素的活性

让我们先从"早睡早起"讲起。

人们常说，要想让孩子长得结实，就要"早睡早起，吃好早饭"。的确，只有养成良好的生活习惯，孩子的身心才能够健康发展。不仅如此，早睡早起对于激发血清素的活性

也十分重要。

究其原因，就在于阳光能够有效地激活血清素发挥作用。

与晴朗的天气相比，阴云笼罩的日子往往会令我们的心情沉重不少。之所以会出现这样的情况，原因之一就是阳光的减少会使我们体内血清素的含量降低。在光照时间较短的冬季，很多人都会出现闷闷不乐的"冬季抑郁"，这也同样反映出了阳光与血清素之间的紧密联系。

也许大家会觉得奇怪，阳光居然还能对我们的情绪产生影响。那么，阳光是如何作用于大脑的呢？事实上，光线进入眼睛后，最终到达视网膜。在视网膜接收到2000～3000勒克斯的太阳光照强度时，脑干中与血清素相关的神经就会受到直接的刺激，从而促进血清素的分泌。

可能有人会想，如果在房间里装上明亮的灯具，是不是能够产生同样的效果呢？然而，阳光与灯光截然不同。

在一般情况下，晚上客厅里的灯光强度一般在300～500勒克斯上下，但无论在阴雨天气还是在晴天的树荫底下，阳光的光照强度都能达到或超过10000勒克斯。

如果是在晴朗天气下受到阳光直射的话，光照强度甚至可以达到 10 万勒克斯。也就是说，达不到 2000～3000 勒克斯强度的光照，肯定是无法代替阳光发挥作用的。

清晨早早起床，在拉开窗帘的瞬间，充足的阳光便会一下子铺遍整个房间，为激活血清素带来很好的效果。

所以，我很希望大家能够在闲暇时花上 15～30 分钟外出散步或者做做拉伸，而这种习惯的养成也能帮助我们尽情享受阳光带来的恩赐。如果在一天开始的时候就借助阳光激活血清素的话，一整天的活动便能完成得更为出色。心情愉悦，学习起来自然也会更为得心应手。

吃饭、唱歌都属于"韵律运动"

户外运动或散步同样属于能够激发血清素活性的"韵律运动"。

一提到"韵律运动"，可能有人就会将其想象成伴着音乐跳舞的活动，然而我们其实并不需要对动作做出具体的要求。自孩子蹒跚学步开始，走路、跑步、骑车、游泳等，这些我们在日常生活中随处可见的活动，其实都能够有效地激发血清素的活性。

对于小学生来说，不管是活力满满地跑来跑去，呼哧呼哧地喘着粗气，还是开开心心地唱着歌曲，吹着竖笛演奏音乐，全都属于我们所说的韵律运动。还有一种听起来有些让人觉得不可思议的韵律运动，就是充分地咀嚼食物。

除了吃饭之外，嚼口香糖也能激发血清素的活性。

我们研究室曾经就"阳光下的奔跑能否真正改变一个孩子"展开过相关的研究，而且这项研究也获得了日本文部科学省科研经费的支持。

具体来说，我们在日本全国180余家幼儿园开展了一项名为"体育转转跑"的项目，要求园内3~6岁的孩子在早上30分钟时间里自由奔跑，并对其结果进行了分析。研究表明，参加这一项目的孩子不仅日常表情变得更为丰富，请假或争吵的情况得到了缓解，而且很多孩子还学会了体贴和关心他人。

这项研究可以证实，只是"30分钟阳光下的奔跑"这样一个简简单单的措施，其实就能有效地促进孩子体内血清素的分泌，帮助他们更好地实现情绪上的平衡和稳定。

早睡早起能够促进血清素的分泌

在视网膜接收到 2000～3000 勒克斯的太阳光强度时,大脑的中枢神经就会受到刺激,从而导致血清素的分泌。清晨早起床拉开窗帘,瞬间铺满整个房间的阳光能够激发血清素一整天保持活性。

因此，要想让男孩充满活力，家长就应该尽可能让他们出门玩耍，在晴朗的日子里更应如此。这样一来，孩子的血清素水平就会得到提升，情绪也会随之稳定下来，就算遇到了不愉快的事情也能够从容应对，恢复生机和活力。

就算孩子已经长大了，肌肤接触也是十分重要的

促进血清素活性的第三点就是肌肤接触，也就是我们所说的"爱抚"。

肌肤接触能够滋养孩子的大脑，治愈他们的心灵。相信父母在养育孩子的过程中应该都已经意识到了这种做法的好处。

在孩子还小的时候，只要轻轻地握住他们肉嘟嘟的小手，我们的情绪就会很快地稳定下来。望着孩子熟睡的面庞，抚养孩子的疲惫也会跟着一扫而光，心里只感到温暖与欣慰……

事实上，父母之所以会感觉到平和与温暖，其实正是因为父母与孩子的肌肤接触促进了大脑中血清素的分泌。

肌肤接触带来的治愈效果能够对压力起到很好的缓解作用。除了人之外，这一作用也在猴子的身上得到了体现。

众所周知，猴子是一种群居性动物。与人类社会的结构相似，猴群中也存在着上下级关系和同级关系。因此，猴子

也会感知到一定的压力。有研究表明，猴子"梳毛"的目的之一就是通过肌肤的接触来缓解群居生活中产生的压力。

站在人类社会的角度来看，梳毛其实更像是一种彼此间的嬉戏，而且也是一种能使参与双方都得到治愈的血清素式行为。

肌肤接触要注意方式，保持一定的距离感

肌肤接触的场景越多，孩子的安全感和协调性就会越强。

不过，肌肤接触并不是不讲章法，而是存在一定的技巧。胡乱摩挲只会让人身体紧张，容易起到反效果，应有节奏地轻轻拍打孩子。而且在拍打时，我们还要注意尽量缩短每次肌肤接触的时间。

具体来说，这与哄孩子睡觉时轻轻拍打孩子的做法几乎是一样的。

我将这种方式称之为"轻拍式肌肤接触"。很神奇的是，这种肌肤接触不仅能够消除孩子内心的厌烦和戒备，而且还会让他们放松情绪，感到安心。

这时如果能够面对面地看着对方，肌肤接触的效果也会更为明显。看着对方的表情，轻轻地拍着对方，便足以为孩子营造一种安心的氛围。

可能有家长觉得，尽管明白了肌肤接触的重要性，但是家里的孩子都已经到青春期了，现在再这样做会不会太迟。

事实上，我们大可不必有这样的顾虑。

肌肤接触并不存在"太迟"的说法。

除了亲子关系之外，兄弟姐妹或亲朋好友之间、队员与队员之间，甚至人与宠物之间也同样如此。

即便各自的年龄或所处的场合有所不同，即便选择的对象或形式多种多样，肌肤接触对于血清素活性的刺激作用却都是相同的。

如果后悔自己以前没能和孩子有较多肌肤接触的话，我们也可以借着"撒娇"的由头，给彼此间的肌肤接触稍稍增加一些机会。

比如，我们可以趁着孩子早上要去上学的时候，站在家门口轻轻地拍一拍孩子的肩膀，道一声"路上小心"。如果发现孩子回到家时有些闷闷不乐，我们也可以默默地轻拍孩子的后背，而不是一脸愁容地不停追问孩子到底发生了什么。

就算孩子对此表现得一脸嫌弃，仿佛是在叫你别来烦他，肌肤接触的刺激和父母的心情仍然能真真切切地传递到孩子的脑中。不久之后，孩子应该就会慢慢敞开心扉，将遇到的事情一点一点地讲给大人听了。

在运动中"扎堆抱团"同样能够激发血清素的活性

即便没有直接的肌肤接触，和孩子处在同一时间和空间，同样也能激发他们体内的血清素发挥作用。

相信各位妈妈应该也都有过类似的经历——和朋友或邻居待在一起拉拉家常，心情也会跟着轻松不少。在同一时间或空间内的和睦共处，也可起到与肌肤接触类似的效果，可将其视为肌肤接触的一种形式。

因此，对于一个家庭来说，最重要的便是"一家团圆"。一家人坐在客厅喝茶，不时轻松惬意地闲聊几句，这样的美好时光也是最具疗愈效果的。

如果家有男孩的话，我们也可以试着让孩子爱上一种运动。

和同伴一起追逐奔跑，为同一个目标挥洒汗水，笑对成败。在同一空间内度过这样一段亲密时光，不仅可以促进男孩体内血清素的分泌，而且能很好地培养他们的沟通能力。

对于初中的男孩来说，不管是周末还是晨练，运动既能帮助他们消耗多余的精力，也能让他们的内心保持稳定与平和。

当然，这些优势与运动能力的强弱没有关系。从脑科学的角度来看，在成长期内参与某项运动能够很好地促进共情脑和调节脑的发育，其意义十分重大。

培养孩子的专注能力时，切记不要大包大揽、面面俱到

专注脑的职能强弱直接关系到孩子的日常学习，因此也得到了父母的关注。

事实上，专注脑主要负责帮助我们理性地展开相关的活动。比如在学校认真听老师讲课，仔细阅读数学题目或大声朗读课文等，都需要专注脑来发挥作用。此外，专注脑还会受到去甲肾上腺素的影响。

越是来不及了往往做得越快，其实正是适度的压力产生的作用

适当的压力能够促进去甲肾上腺素的分泌。

以一天的早晨为例，早上孩子是会自己起床，还是需要父母到了时间去叫醒他们呢？

"快点起床，快点换衣服，快点洗好脸去吃饭，有没有忘带东西？"事实上，紧盯着时间不停念叨着不要迟到的人并不是孩子自己，而是他们的父母。

对孩子事无巨细的照顾往往会使父母的心理压力陡然上升，从而大大调动了专注脑的活性。从这个角度来看，父母是不是也会觉得自己在送孩子上学之前的这段时间里总是能够手脚麻利、头脑清醒地将事情做好呢？

原本打算上午搞搞卫生迎接下午客人的来访，但是就算不知不觉间忘记了时间，我们也能赶在客人马上就要到来之前迅速打扫完毕。仔细想来，这也是适度的压力成功调动专注脑的结果。

孩子也是如此。

所以，早上的时间如果能让孩子自己安排，这种适度的压力反而能让他们很快涌起干劲，头脑迅速清醒，大脑也能更好地发挥职能。同样的道理，如果在做数学习题时不是漫无目的地随意刷题，而是让孩子提前定好计划，要求自己在几号之前完成多少页的内容，孩子便可以按照计划奋发努力，数学成绩也能很快提高。

相反，如果父母事先将所有的准备工作全都事无巨细地包办，孩子便会拖拖拉拉迟迟不肯展开行动。

众所周知，对老年人的照顾太过体贴周到，老人生理和心理上的相关机能便会开始逐渐退化——照顾孩子时也是如此。在缺乏适度压力的情况下，孩子的专注脑无法被激活，长大后也容易成为缺乏判断力和行动力的平庸之辈。

所以，父母应该用心观察孩子的成长状态，了解孩子的能力范围，尽量不要插手，让他们独立地完成力所能及的事情。

对孩子真正的疼爱绝不是面面俱到，而是应该鼓励他们勇于尝试，使他们在长大以后能够具备极强的专注能力并积极投入。

从小就在自己的房间里安静学习，反而可能会影响专注脑的发育

既然提到了"事无巨细"，孩子的房间自然也是我们必须考虑的一项内容。在我看来，小学阶段的孩子其实并不需要自己的房间。

反过来说，如果孩子在很小的时候就拥有了自己的房间，拥有了脱离父母视线的自由环境，他们往往会沉迷于手机或漫画无法自拔，又或者在遇到问题时选择躲进房间，为长大以后变成宅男埋下了隐患。

可能有家长认为，在自己的房间里学习应该效率更高。

然而实际情况是，旁边有家人走来走去，又或是耳边会传来妈妈在厨房忙碌的"背景音"，都能够让孩子感觉到一种适度的压力，从而使得他们能够更为专注地学习。

有杂志曾对日本东京大学的学生展开过一次问卷调查。其结果显示，小学阶段在客厅学习的人远远多于在自己房间学习的人。

在进入初中以后，孩子们大多会开始创建属于自己的世界，这时也确实需要拥有一个自己的独立空间。但是在此之前，就算家里已经有了孩子的儿童房，大人也切记不要让孩子一个人躲在里面。

在我看来，这样反而会更有利于大脑的生长和发育。

第五章

不利于男孩大脑发育的父母常见误区

孩子爱吃的东西，并不一定能够帮助大脑的发育

从上文可知，对于青春期的孩子来说，其实父母并不需要刻意去做什么，只要在日常生活中稍加注意，就能够让孩子茁壮成长。

我非常希望父母能够将书中的理论付诸实践，但是在此之前，我们还需要重新审视一下大家在育儿过程中的主观臆断或错误认知。

每次我在做讲座的时候，都会有父母问我"吃什么东西能够促进孩子大脑的发育"。

如果确实有一些食物能够促进大脑发育的话，父母肯定是希望能够让自己的孩子多吃一些。

饮食的管理对于大脑的发育至关重要，是孩子发育必不可缺的一个关键环节。但是在此我要提醒大家的是，在饮食上我们不仅需要关注吃什么，吃东西的方式同样非常关键。

"咀嚼"作为一项重要的韵律运动，常常被人们忽视

在上文中我们提到，阳光、韵律运动和肌肤接触是激发血清素活性的三大重要因素。

对于韵律运动来说，除了走路或有节奏的呼吸之外，咀嚼同样也起到了非常关键的作用。充分的咀嚼有利于增强血清素的活性，还能帮助大脑功能实现健全和稳定，而且对人的情绪也能起到很好的安抚作用。

作为人类的基本行为之一，咀嚼应该并非难事。但是对于现在的孩子来说，他们却似乎并不会在吃饭时好好地咀嚼食物。

在中式菜肴中，总是会用到很多需要好好咀嚼的食材，比如富含膳食纤维的蔬菜等。然而，现在却有越来越多的孩子不愿意尝试这样的饭菜。

相反，他们往往更喜欢吃方便、柔软的食物，如快餐、意面或是点心等。

和大量使用蔬菜等食材的传统料理相比，在食用这些吃起来毫不费力的食物时，嘴巴咀嚼的次数会大大降低。

有调查表明，现代人的咀嚼次数已经远低于从前。现在我们吃一顿饭平均需要咀嚼600次左右，只有第二次世界大战前人们咀嚼的次数的一半。如果再向上追溯到更为遥远的时代，那时的古人吃一顿饭竟然需要咀嚼4000次左右。

仔细想来，那时的人们每天沐浴着阳光，进行有节奏的韵律运动，过着远比现代人更为自在的血清素式生活。

斗转星移，随着日常饮食和生活环境的改变，越来越多的人会在本就忙碌的一天中选择不断压缩自己的用餐时间。但是站在孩子大脑发育的角度来看，现在这种风气真的很难让人给出正面的评价。

全家早起15分钟，一起来享受温馨的早餐吧

吃"小饭桌"时如果能和同学一起叽叽喳喳地边聊边吃，同样也能促进孩子体内血清素的分泌。但是，每天都是回家自己吃饭的话，血清素的分泌很可能不足。

小学高年级阶段正是孩子刚刚进入青春期的时候，而且这一时期孩子的情绪也很容易发生波动，再加上很重的课业压力，所以如果在这一时期血清素分泌不足的话，共情脑的功能减弱，会使孩子更难维持情绪的稳定。

如果将孩子的精神健康放在首位的话,希望大家还是能够创造条件,尽量每天都能有一次机会,让孩子和家人一起围坐在餐桌旁边享用美食。如果晚上不太方便的话,我们也可以试着将早餐调整成为"聊天式肌肤接触"的时间。

为了实现这一想法,我们其实只要在早上早起 15 分钟左右,就可以让全家人在清晨的阳光下坐在一起热热闹闹地吃上一顿早饭。此外,在早餐中准备一些富含膳食纤维的蔬菜,可以帮助孩子有意识地养成咀嚼的习惯。

这种做法可以集齐阳光、咀嚼(韵律运动)和肌肤接触——促进共情脑发育的三大要素,是一种非常棒的用餐方式。

全家一起吃饭有利于孩子大脑的发育!

忙着回家做功课的孩子,往往会找些快餐或是面包来随便填饱肚子。然而,这些食物会极大地减少孩子细心咀嚼的次数。因此,我希望大家还是尽可能地全家人围坐在一起,细嚼慢咽地享受餐食。毕竟一家团聚也是肌肤接触的一种形式,能够极大地促进孩子体内血清素的活性。

不是有了营养补充剂就万事大吉

可能有人会觉得,我赶紧给孩子买点营养补充剂补充一下多巴胺和血清素就行了。

针对这种想法,我先给出一个明确的结论——不行。

事实上,多巴胺、血清素和去甲肾上腺素等神经递质的合成,离不开色氨酸及酪氨酸等氨基酸的帮助。

这些氨基酸需要我们通过日常饮食摄入。不过,由于豆腐等大豆制品、奶酪和牛奶等乳制品、芝麻、花生还有香蕉中都含有丰富的氨基酸,所以只要好好吃饭,这些氨基酸的摄入量肯定是足够的。

反过来说,如果想让身体分泌较多的多巴胺和血清素就没完没了地吃豆腐的话,摄入的氨基酸也只会用于满足身体所需的神经递质的生成,多余的氨基酸同样会被排出体外。

因此,在神经递质的原材料供给上,我们只需要正常吃饭就足够了。

那么,通过营养补充剂将神经递质直接输送到大脑的方法是否可行呢？

举例来说，尽管我们可以使用营养补充剂摄入与血清素较为接近的"血清素合成前体"，但是如果不按照说明胡乱服用的话，不仅可能会引发手抖、发热、出汗等症状，甚至还有可能会出现精神错乱等严重的副作用。

"营养补充剂又不是药，应该不会有什么副作用。"但是我要告诉你，这种想法极易招致意想不到的后果。作为家长，千万不要滥用营养补充剂来补充那些能够促进孩子大脑发育的物质。

只要稍稍改变一下习惯，不仅可以让家庭和睦，孩子也会变得更加聪明

我们不能依赖营养补充剂促进神经递质的分泌，而是应该通过自身的力量实现这一目标。

正如前文所说的那样，通过各种适当的方法直接刺激能产生多巴胺与血清素的相关神经，这些神经递质的分泌量便会得到显著增加。

因此，如果想让儿子朝着目标和理想坚定不移地奋勇前进，我们就要通过适当的肯定和鼓励来激发孩子的进取心

理，促进孩子自立自驱地大步前行。

要是想让孩子情绪稳定地和周围和谐相处，不妨重新审视一下自己的生活方式，比如尽量做到早睡早起，适当散步或运动，全家一起吃早饭，等等。

假如希望孩子能在关键时刻集中精力，做什么事情都爽快麻利的话，那就尽量少指挥、少插嘴，静下心来等着孩子自己完成。

其实只要父母的意识和观念有了些许改变，这些事情就不会太难办。当然，这样也不必担心会产生什么副作用，更不需要花费额外的金钱。

不仅如此，这种做法还会加深亲子之间的感情，同时也能够让孩子的大脑功能变得更为完善。既然这样，我们又何乐而不为呢？

凡事要求尽善尽美的反效果

如上所述，阳光和韵律运动能够有效促进血清素对共情脑和调节脑发挥作用。不过在具体的实践过程中，还是有一些需要大家注意的地方。

正所谓过犹不及，长时间的强烈光照或是高强度的连续运动反而会使分泌血清素的神经出现功能上的减弱。

这种减弱也被称为血清素的自我抑制作用。有时在达到极限之后，血清素甚至可能会停止分泌。

具体来说，负责血清素分泌的神经在长时间的刺激下会启动自我保护机制来维持机体的镇静，以确保神经的兴奋程度在可控范围之内。

如果希望通过运动激发血清素活性的话，满脸通红绕着操场不停跑圈的做法，其实是无法得到预期效果的。不过，持续进行负荷过轻的运动也没有什么意义。

真正的诀窍是，在短时间内集中进行某项运动。

以负荷较轻的肢体运动为例，认真坚持 15 分钟就能看到效果。如果是在早晨散步的话，只要坚持 20～30 分钟并将速度控制在能让身体微微出汗就可以了。

研究表明，韵律运动开始 5 分钟后血清素就会被激活，最长到 30 分钟足矣。因此，我们不必勉强自己做高难度的动作，重要的还是每天坚持。

无须太长时间，唯要养成习惯。即便每天只有 5 分钟，坚持下去就一定会有效。

每天 5 分钟的情绪健康训练

晒太阳的时候同样如此。

过长时间的光照会促使机体启动自我抑制作用，反而导致血清素停止分泌。

因此，我们每天只需要将晒太阳的时间控制在 15～30 分钟左右即可。

当然了，不管阳光多么重要，用眼睛直视太阳的行为都是绝对禁止的，否则一旦造成视网膜的损伤，后悔可就来不及了。

上下学时、户外玩耍或是体育课上——孩子能晒到太阳的机会理应会比大人多。只要充分利用好这些时间，哪怕家长没有刻意带孩子晒太阳的意识，孩子们每天应该也能够保证晒太阳的时间总计在 30 分钟以上。

血清素的激活并不会立竿见影。事实上，要想看到可喜的变化，我们最少要坚持 3 个月以上的时间才行。

此外，正像上面所说的那样，要是因为想要早点看到成果就一味地延长光照或运动的时间，最终不仅无法如愿，而且很有可能还会带来负面的效果。

如果一开始觉得每天 30 分钟的锻炼门槛过高，我们不妨先试着设定一个当下可行的目标，如每天运动 5~10 分钟，先坚持 3 个月再说。

坚持 3 个月就会出现可喜的变化

就算没有精确地定好每一次运动的时间，在临睡前听孩子讲一讲当天发生的事情，一天之中晒太阳的时间能有 5~10 分钟，韵律运动只要完成任意一项，一天的血清素指标就算是完成了。

这样的做法只要能够持续 3 个月，就算是取得了巨大的成功。怀抱着这样的信念，轻松愉快地坚持下去吧。3 个月之后，孩子一定会出现可喜的变化。

跳出"完美父母"的怪圈

对于父母来说,青春期是他们在育儿路上的一道难关。如前文所述,在青春期阶段,大脑会完成从孩子向成人的巨大转变。你会发现,此前一直"妈妈,妈妈"叫个不停,总是对你无条件信任并且乖乖听话的孩子,突然开始不再依靠父母了。

作为父母,在孩子的青春期同样必须学会转换思想。不过孩子到底还是孩子,总归涉世未深,有时彼此间发生一些冲突自然在所难免。

想要独立的孩子与依依不舍的父母

站在孩子的角度来看,在一生中共情脑功能最为敏感的青春期,他们渴望自己能够变得像大人一样。站在家长的角度来看,父母却总是不自觉地把孩子当成小孩儿看待。二者间的这种矛盾往往会在父母和孩子之间形成一种此前从未有过的微妙气氛。这时,父母又该如何应对呢?

对此，我的回答只有四个字。

坦诚相待。

电视剧《3年B班金八老师》之所以大受欢迎，甚至成了尊重孩子的代名词，其原因就在于这位老师并没有一味地把学生当小孩对待，而是能够站在平等的位置将自己的心里话开诚布公地全都告诉学生。

父母的真诚会换来孩子无条件的信任

即便不是在校园电视剧中，父母的真诚同样可以赢得孩子无条件的信赖和尊敬。

然而，流于表面的话语和应对方式却是无法让孩子感受到真诚的。尤其是到了青春期以后，孩子对于字面意思和真实想法之间的差异更是心知肚明。

因此，能否顺利度过青春期这一令不少家长感到头疼不已的阶段，父母与孩子之间的沟通起到了至关重要的作用。话虽如此，其应对方式却是极其简单的。

具体来说，父母只要不加欺瞒地与孩子坦诚相待，学会在感到困扰或痛苦时直截了当地告诉孩子就可以了。

在孩子还小的时候，可能他们会觉得"爸爸妈妈什么都会，什么都对，而且也会一直保护我"，但是现在孩子们已然知道，自己的父母并非无所不能的超人。

即便想在孩子面前展现出自己优秀的一面，即便表现得像是非常通情达理的样子，只要没有真诚的加持，青春期的孩子便可以很快看穿"父母的谎言"。在孩子心里，父母的这些行为和态度常常会让他们感到不满甚至厌恶。

一想到父母"话里有话""口是心非"的做法，孩子往往会产生不愿意听父母说话的想法。这样一来，亲子关系的修复也会变得更为艰难。

作为孩子身边的"一面镜子"，不妨试着告诉孩子社会的险恶

青春期的男孩子往往能够更为轻易地看穿"父亲的谎言"。

同为男性，父亲就算要掩饰真实的自己，他们也希望自己能在孩子面前展现一种近乎完美的形象，希望给儿子塑造一种男性的典范。毕竟，父亲总是不希望自己在儿子面前露

怯的。

然而，父母是孩子身边最近的"一面镜子"。

纵使有时会狂傲不已，孩子也依然涉世未深。作为父母，我们其实还有很多很多东西要讲给孩子听。

也正因为如此，我们才需要不加掩饰地让孩子看到父母也会在人际关系和职场生活上遇到困难，告诉他们成人的世界并不是那么一帆风顺，培养他们克服困难的决心和勇气，而这些也是为人父母的一项重要的职责。

在看到父母的另一面时，孩子可能或多或少会感到有些震惊。不过在升入初中之后，他们的心智便已经能够接纳并消化这一点了。

父亲角色的缺失对孩子大脑的发育产生的影响

从脑科学的角度来看,长大成人又意味着什么呢?

尽管要清晰准确地回答这一问题难于登天,但是如果在不担心误读的情况下非要给出一个定义的话,我的答案可能是这样的——长大成人,除了表明大脑机能在逻辑层面的高度发达之外,还意味着拥有一种不被外界状况所左右的平稳心绪。

虽然这一回答有些古板晦涩,但我们不妨先从现实社会的具体情况来考虑一下。

在步入社会之后,天不遂人愿的情况时有发生,常常会令我们感觉烦躁或是愤怒。但是作为社会的一员,我们却不能因此就精神崩溃,更不能从此意志消沉、一蹶不振。

对于站在成人世界入口的青春期男孩来说,我希望他们从现在开始就学着养成能够激发血清素活性的良好习惯,可以维持自己内心情绪的稳定。

要想达到这一目标,除了父母的帮助和支持以外,父母自身的幸福程度也同样会对男孩大脑的发育产生重要的影响。

"催产素"能够让人感到温馨和幸福

"催产素"在这一过程中起到了至关重要的作用。

催产素因其与女性的密切关系而为人所知。除了在分娩时刺激子宫收缩之外，催产素还能够促进母乳的分泌。

相信很多妈妈都对催产素的上述机能有一定的了解。不过近些年来的研究显示，其实男性体内同样会产生催产素。

男性既不分娩又不哺乳，为什么体内还会有催产素呢？

其原因就在于血清素的激活机制上。除了生养婴儿之外，催产素还有其他的重要职能。

也就是说，肌肤接触首先会刺激催产素的分泌，然后借由催产素对血清素神经的传导作用，促使血清素的活性得到提升。

激发血清素的活性离不开催产素在中间起到的传导作用，而"关爱"和"信赖"则能够大大提高催产素的活性。

在上文中我们提到，肌肤接触是激发血清素活性的三大要素之一。事实上，在肌肤接触这一行为与血清素分泌这一现象之间，正是催产素在发挥着重要的作用。

从激素分泌的角度来看，夫妻共同育儿确实好处多多

脑科学实验已经证实，情侣双方催产素分泌最为旺盛的阶段，就是他们亲密接触或与对方产生信赖的时候。

伴随着催产素的分泌，我们不仅会被温暖惬意的幸福感所包围，而且还会对他人产生一种信赖感。

同样的道理，夫妻之间彼此深深的牵挂，父母之间代表着关爱与信赖的激素——催产素的大量分泌，会让整个家庭的氛围更为温馨，随之而来的，是彼此之间自然而然地出现肌肤接触。

这样一来，孩子大脑中能够维持情绪稳定的血清素也会被激活。

尽管养育孩子的重任往往都落在妈妈身上，但是与育儿

夫妻间的信赖感能够促进孩子情绪的稳定

"关爱"和"信赖"能够有效促进催产素的分泌,而催产素又能激发血清素的活性。夫妻间和睦相处,家庭氛围温馨幸福,孩子体内血清素的活性也会随之得到提高。

之路上一个人孤军奋战相比,夫妻之间有商有量共同努力的方式必然会产生更好的结果。因此,在育儿和教育领域提倡已久的夫妻共育模式,从脑内激素分泌的观点来看也是一种正确的做法。

关注前额叶四大重要职能的协调发育

前额叶所实现的四大职能，是人类最为重要的脑部功能。

对于男孩来说，他们的奋进脑会在进入青春期后得到极大的锻炼。而要想保持平常心，胜不骄败不馁，专注脑和调节脑的发育则必不可少。要想有条不紊地学习或工作，我们同样也需要专注脑的帮助。

为了让孩子成长为生命力旺盛的人，前额叶四大职能的协调发育至关重要。

在这里，我们提倡的"大脑发育"并不是指单纯某项职能的发育，而是要促进血清素、多巴胺和去甲肾上腺素不断发挥作用，从而使前额叶的四大职能都能接收到适当的刺激。

在一个成熟社会中，大脑很难得到需要的刺激

在我小的时候（20世纪50年代），大人们压根就没有考虑过什么多巴胺和血清素。

在那个年代，小孩子在外面疯跑是一件理所当然的事情。早上早早起床，全家一起吃完早饭，然后孩子们就跑到户外痛痛快快地玩上一天。这种简单的生活，其实很好地促进了血清素的分泌。

我的少年时期，正值日本经济起飞之初，整个社会都陷入了疯狂的竞争，堪称拼搏奋进的时代。在竞争和失败之中，人们朝着目标一路狂奔，不知疲惫。在这一时期，多巴胺所向披靡。

转眼时代变迁，斗转星移。

现如今，经济快速发展，物质极大丰富。游戏、网络、手机等电子产品随处可见，不断地诱惑着年幼的孩子。除此之外，孩子们也都拥有了属于自己的儿童房。

如此看来，孩子成长的大环境已然变了。

在以前的环境下，多巴胺和血清素等神经递质会遵照孩子的成长轨迹被激活，共情脑和调节脑的职能也会自然而然

地随之形成。

然而，一旦拿着游戏机躲在房间里没完没了地打起了游戏，孩子们本该受到的刺激消失不见，大脑就无法正常发育了。

和睦的亲子关系方能帮助孩子的大脑健康发育

如今的育儿环境与过去相比发生了翻天覆地的变化，孩子们所在的地区和社会对于儿童成长的影响也被减弱。因此，要想让孩子的大脑健康地成长和发育，我们就必须依靠父母的力量来完成这一目标。

在奋进脑、共情脑、调节脑和专注脑这四项职能中，专注脑和奋进脑主要在学校教育中得到锻炼。

作为父母，我们也可以采取鼓励等调动孩子积极性的方式将孩子的潜力发挥出来。

至于共情脑和调节脑的发育，则无法通过学校教育来实现。

不过，在家庭生活中我们还是有很多非语言沟通的机会，能够很好地刺激共情脑的发育。

就促进大脑发育来说，父母实在无须为此太过较真，其实我们只要在日常生活中有意识地多和孩子接触就可以了。

尽管上百次的训斥听了就忘，可是那单单一次的交流却能温暖整个心灵。

所以，尽量多找些时间陪陪孩子吧，孩子大脑的发育是离不开温馨和睦的亲子关系的。